MY NAME IS

_____

I'M ___ YEARS OLD

PHONE NUMBER

_____

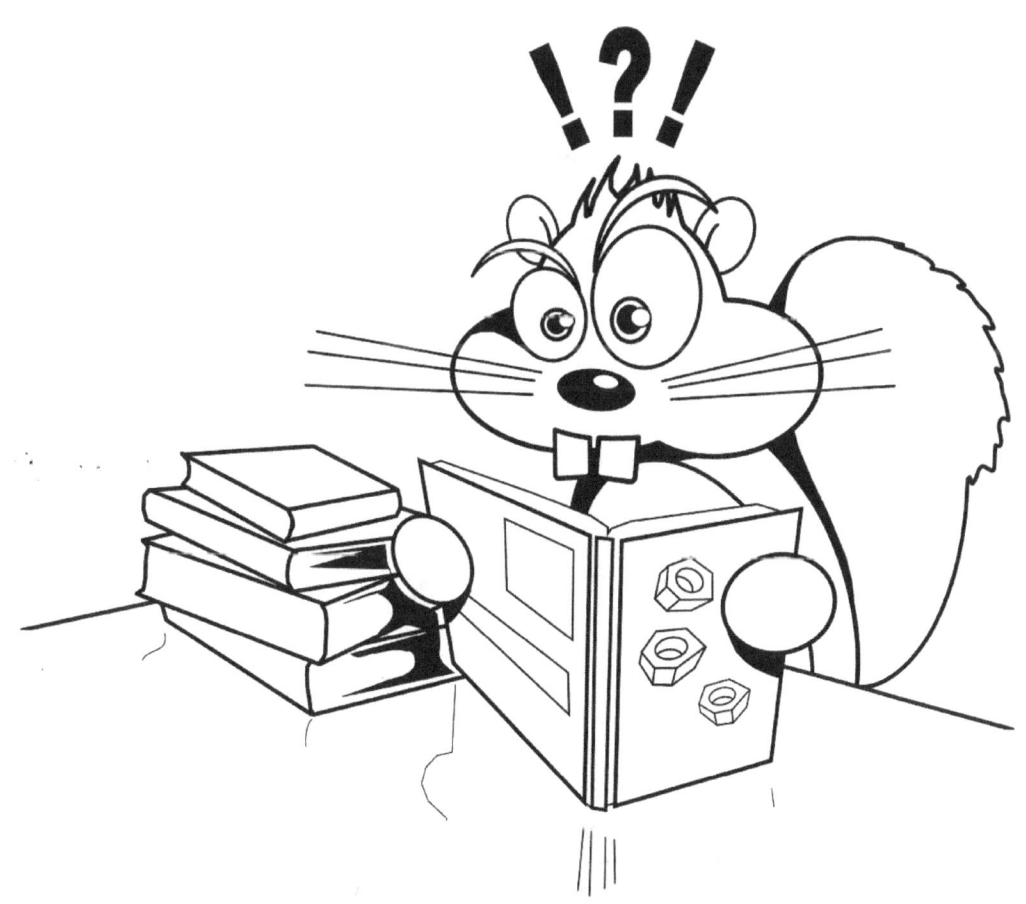

HANDWRITING , COLORING WORK BOOK

ALPHABET

SAY & COLOR

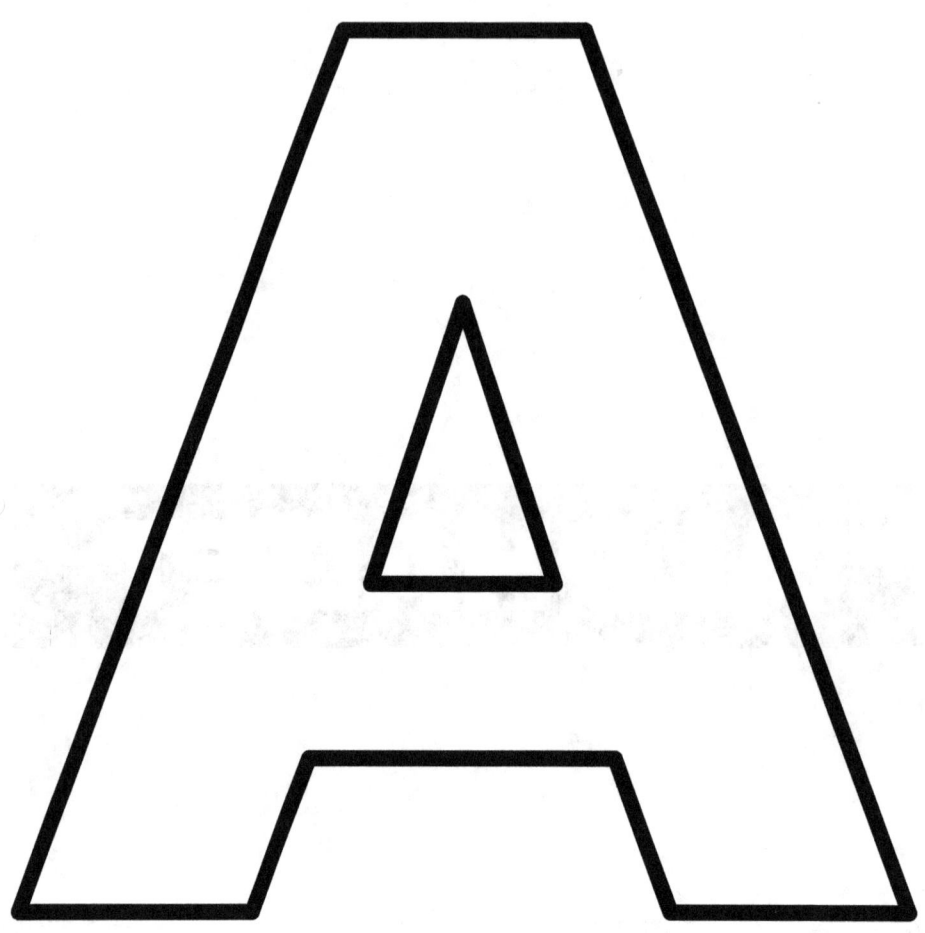

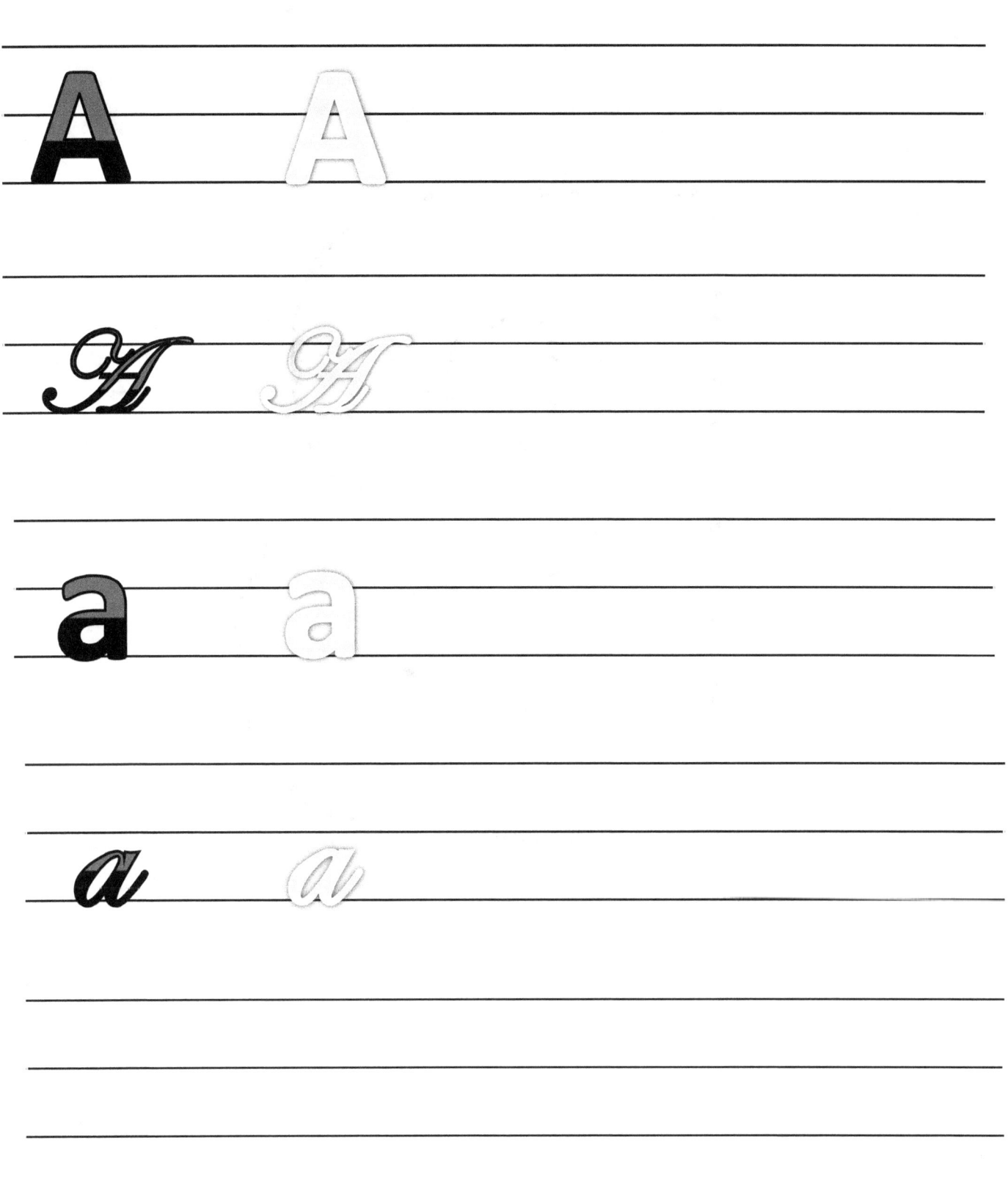

SAY & COLOR

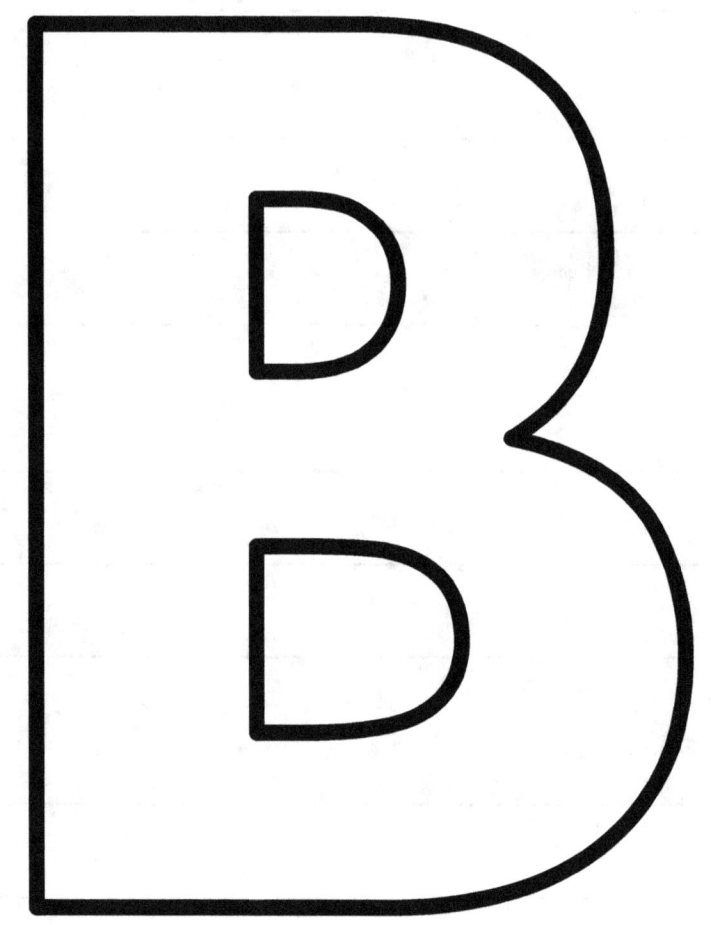

B B

ℬ ℬ

b b

𝑏 𝑏

SAY & COLOR

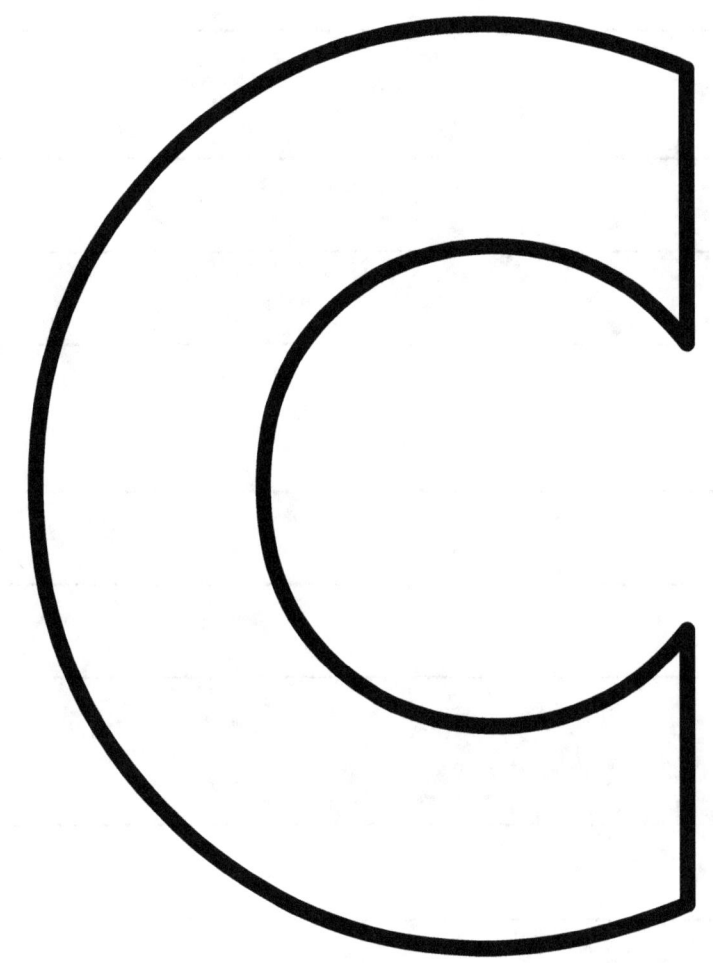

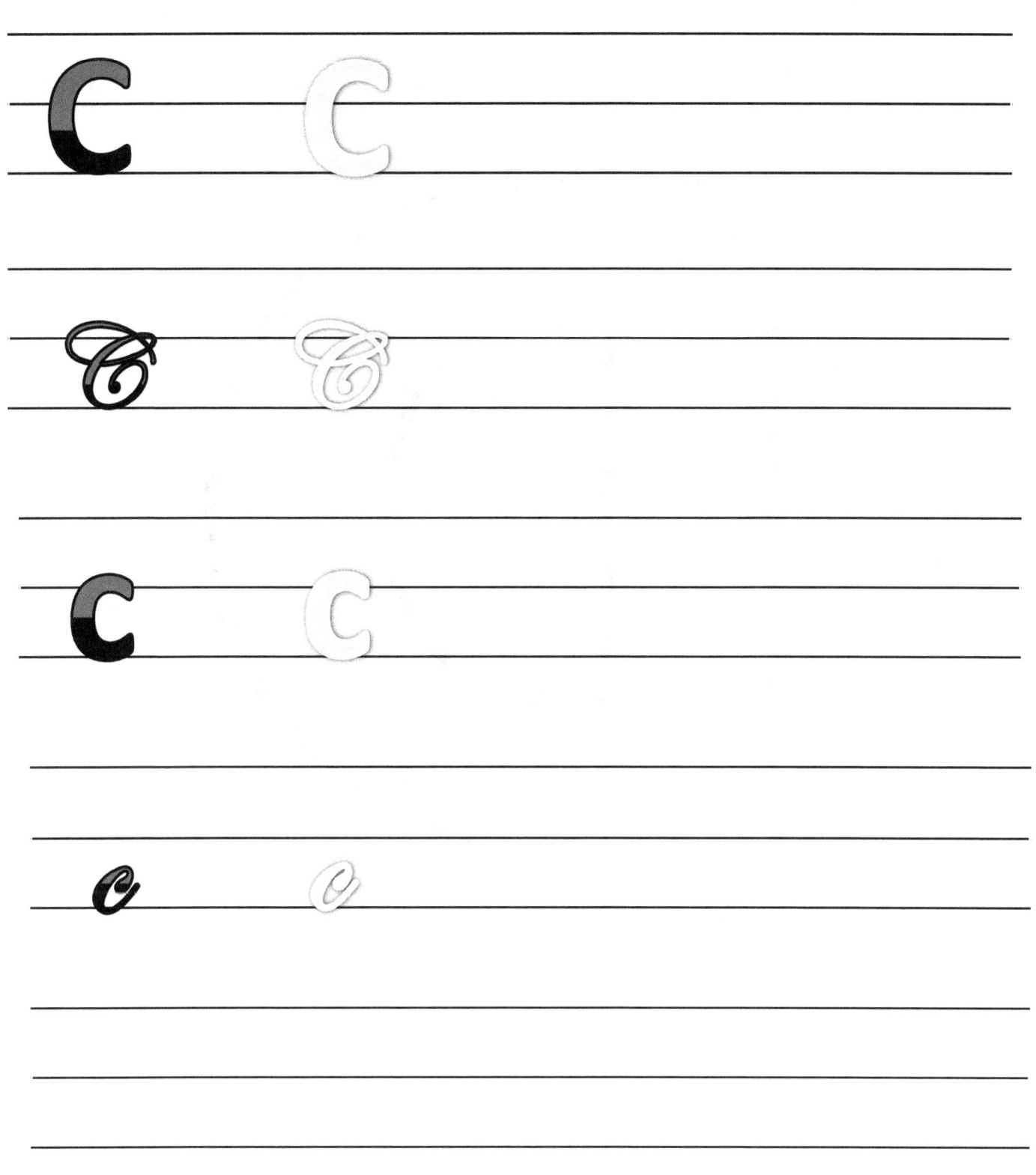

SAY & COLOR

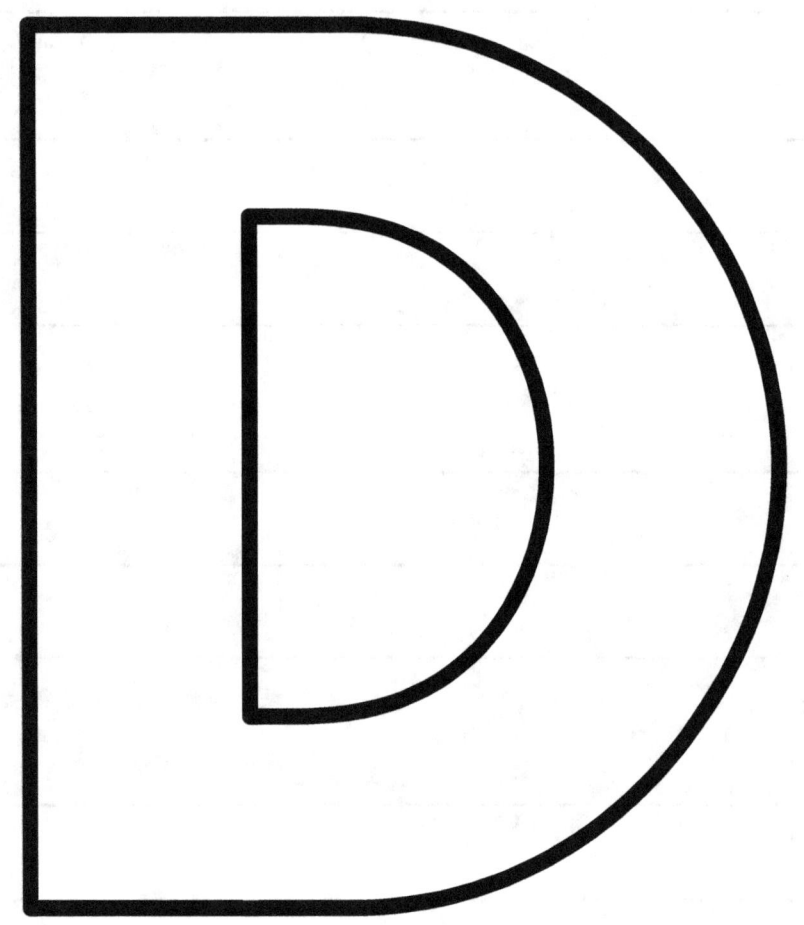

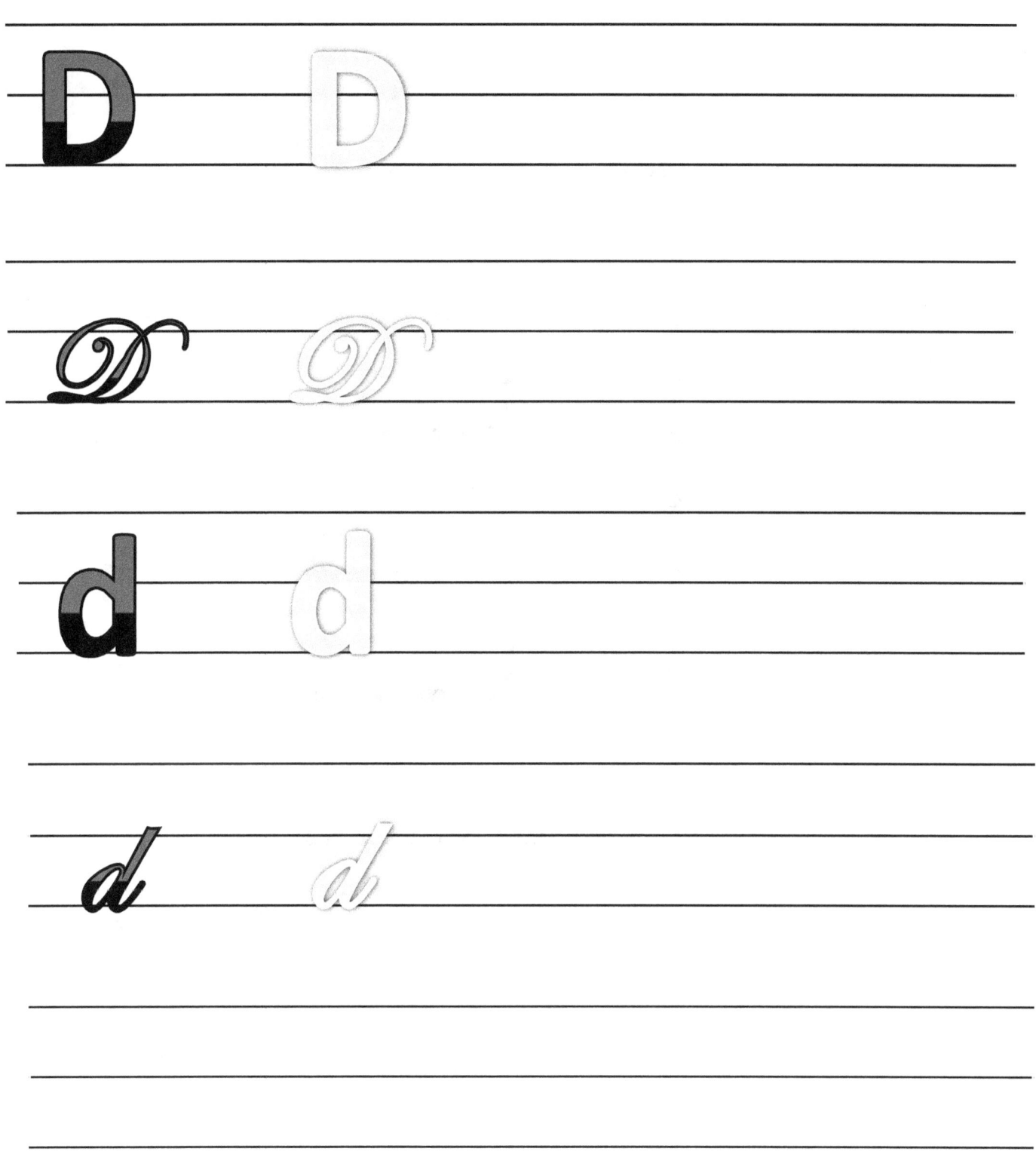

SAY & COLOR

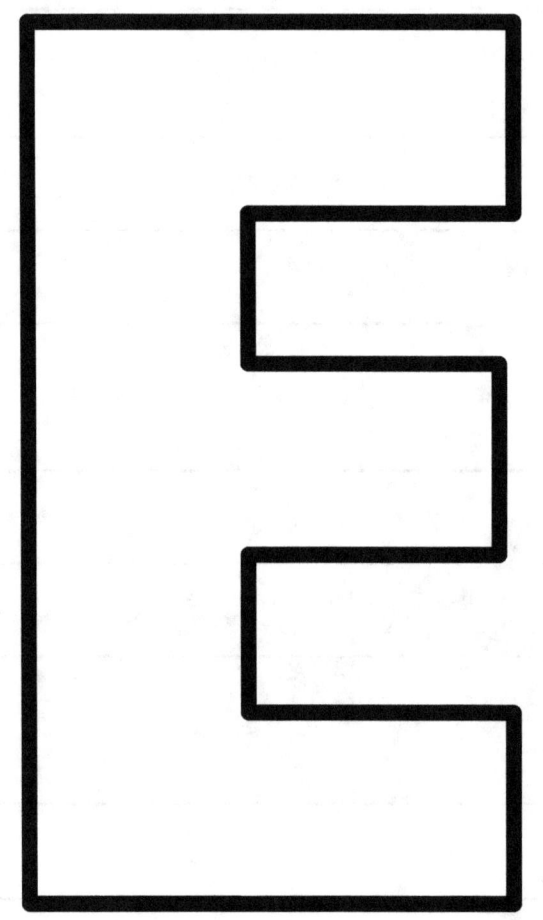

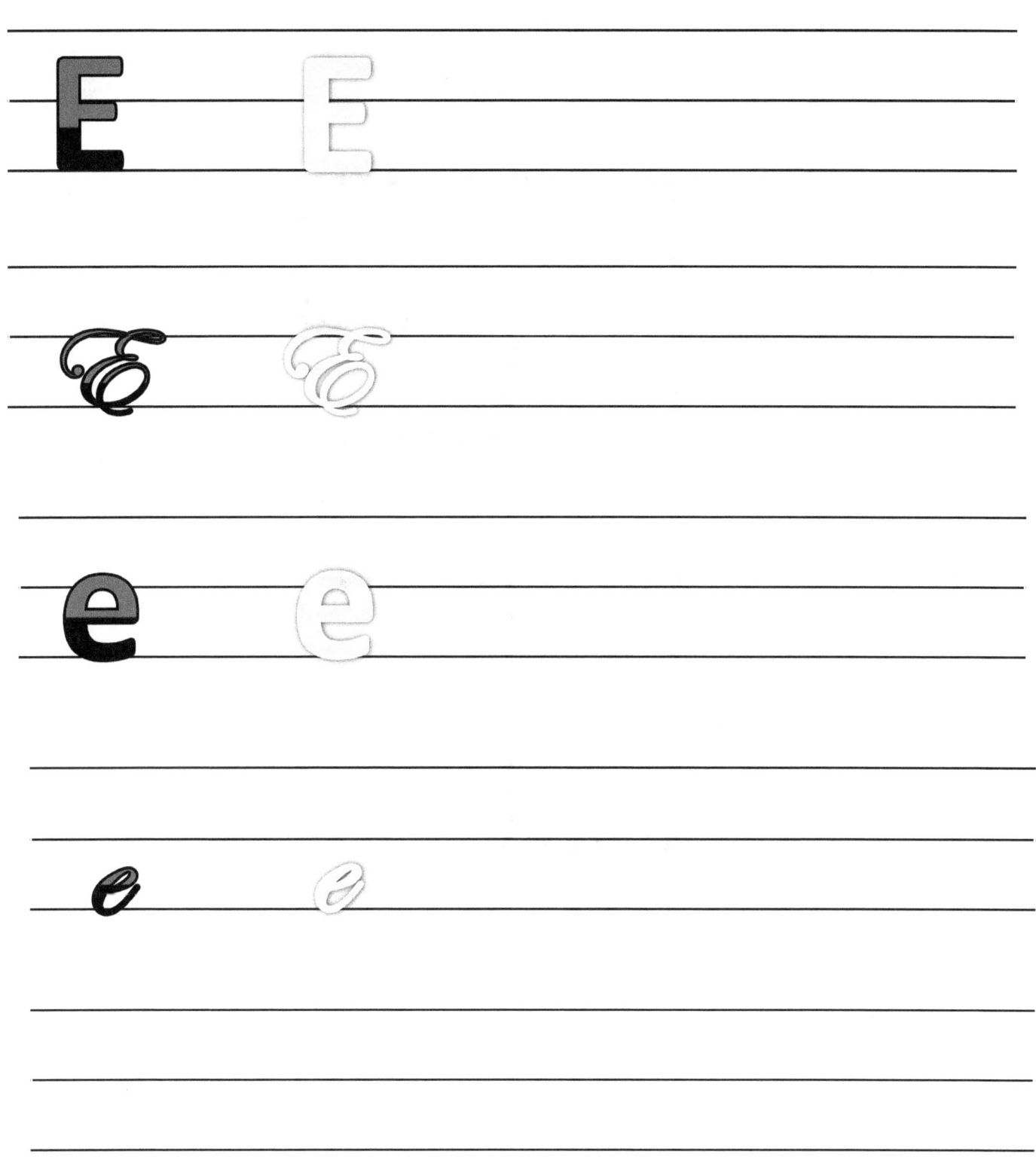

SAY & COLOR

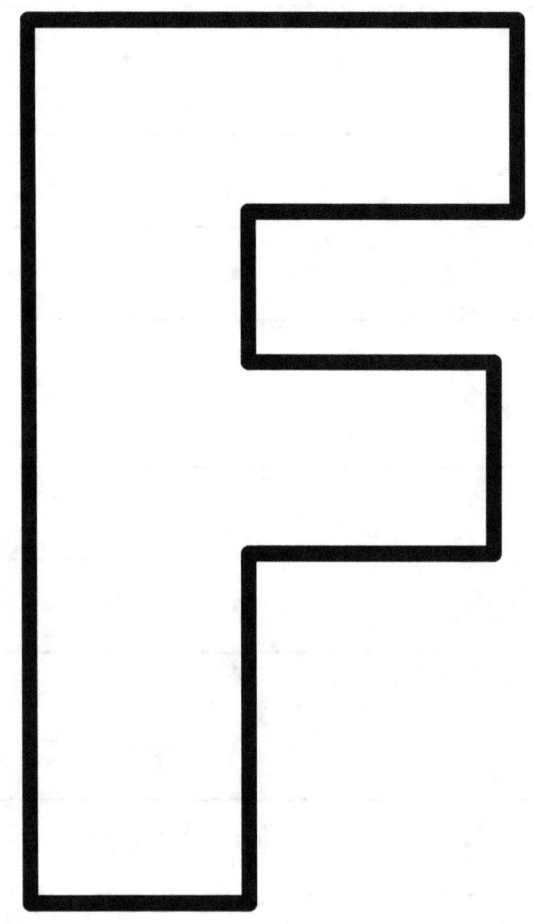

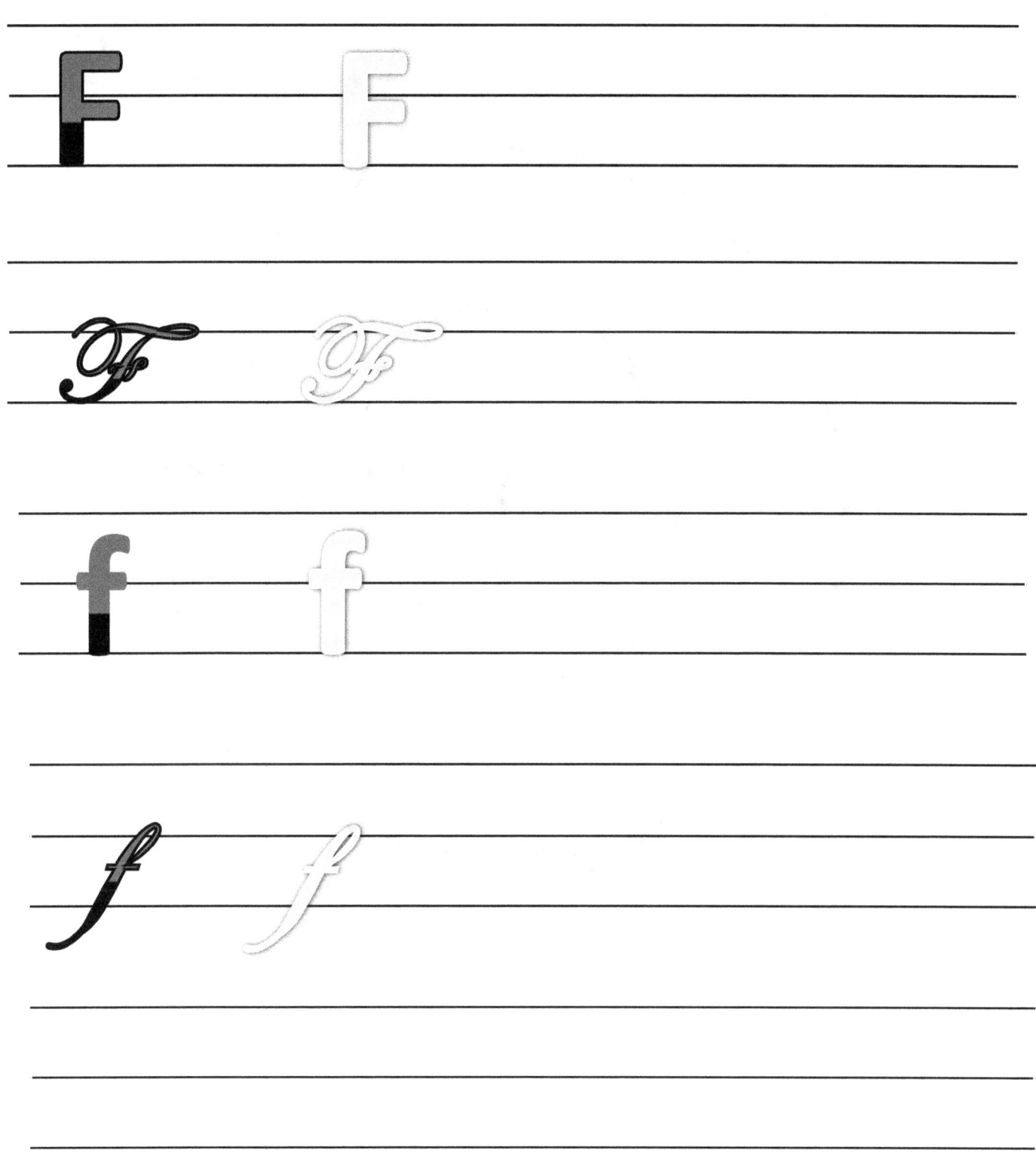

SAY & COLOR

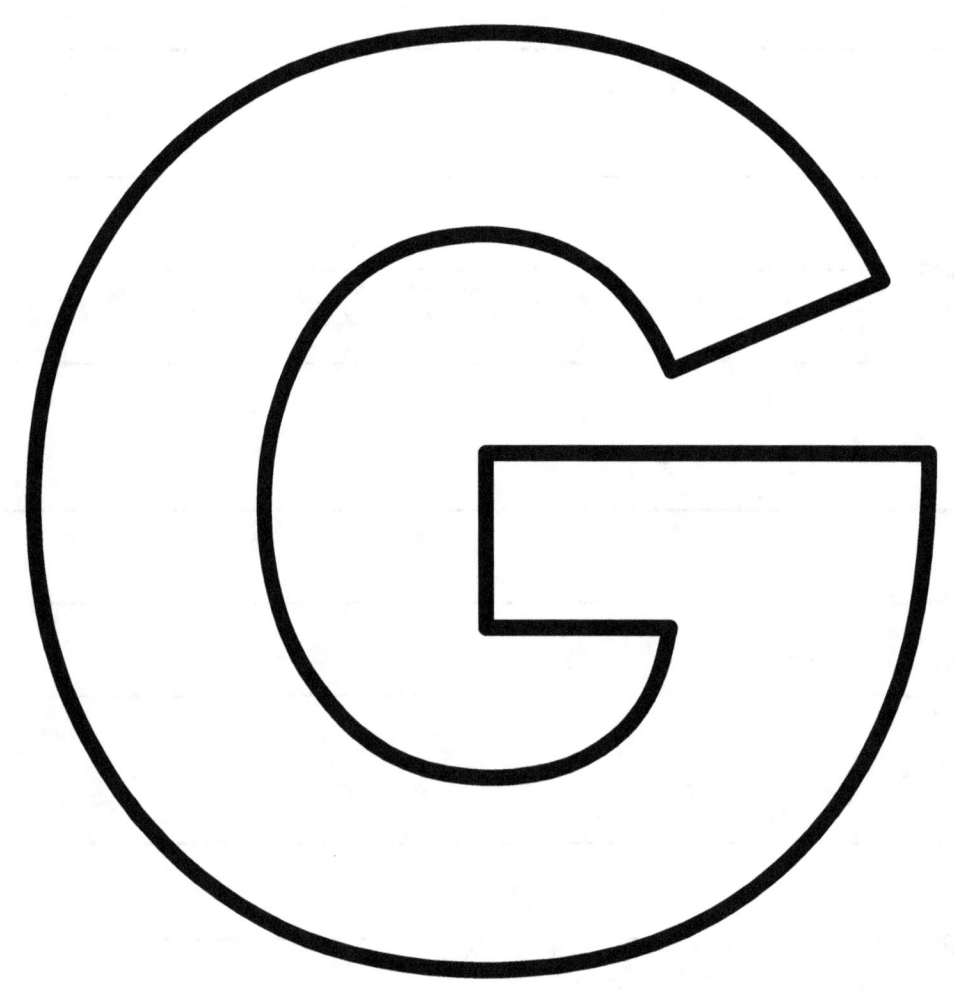

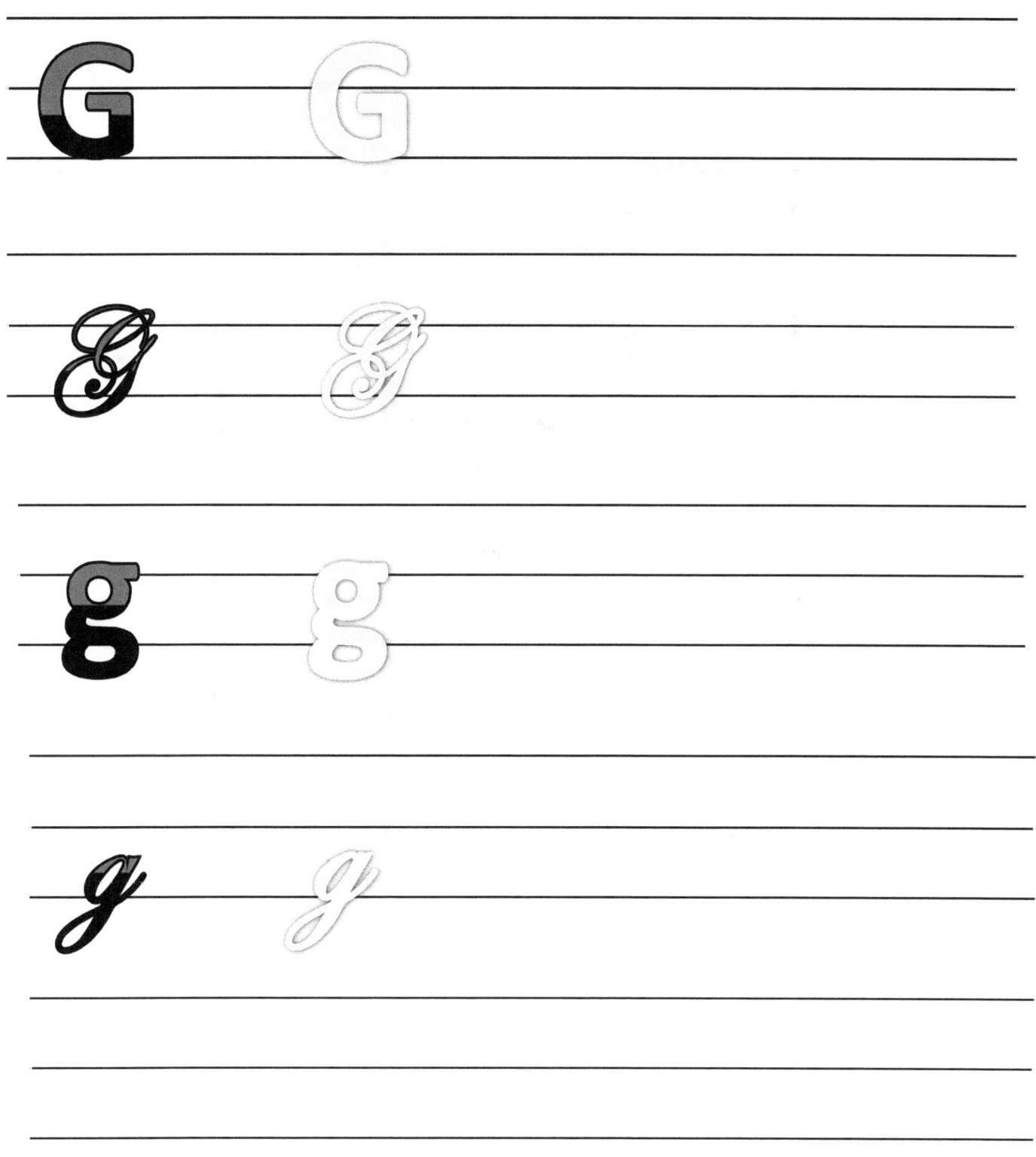

SAY & COLOR

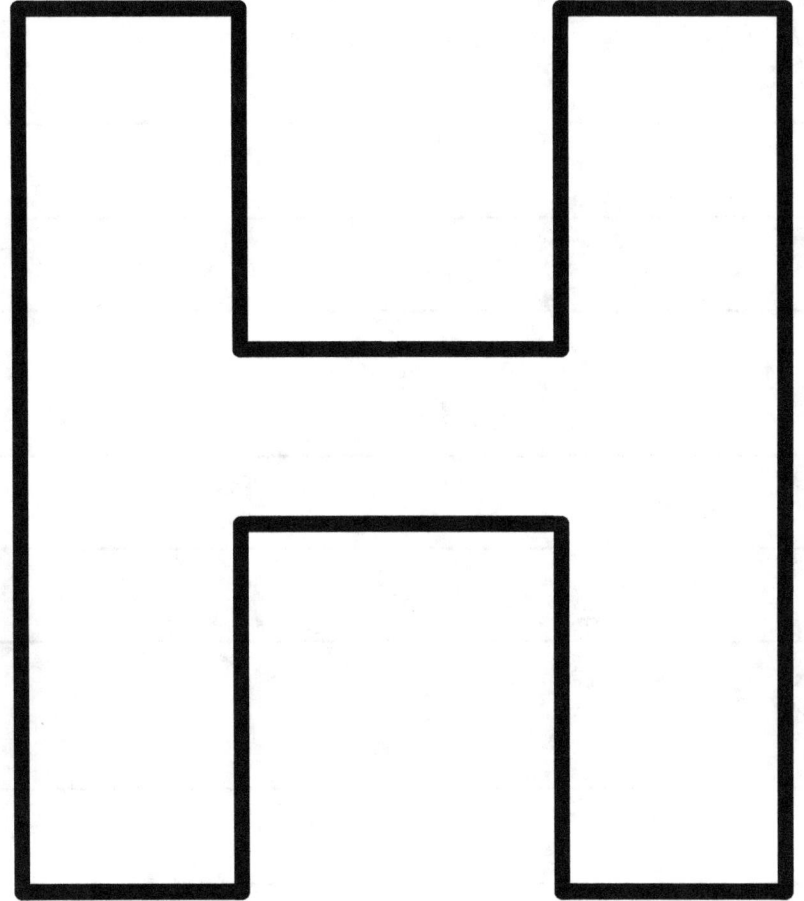

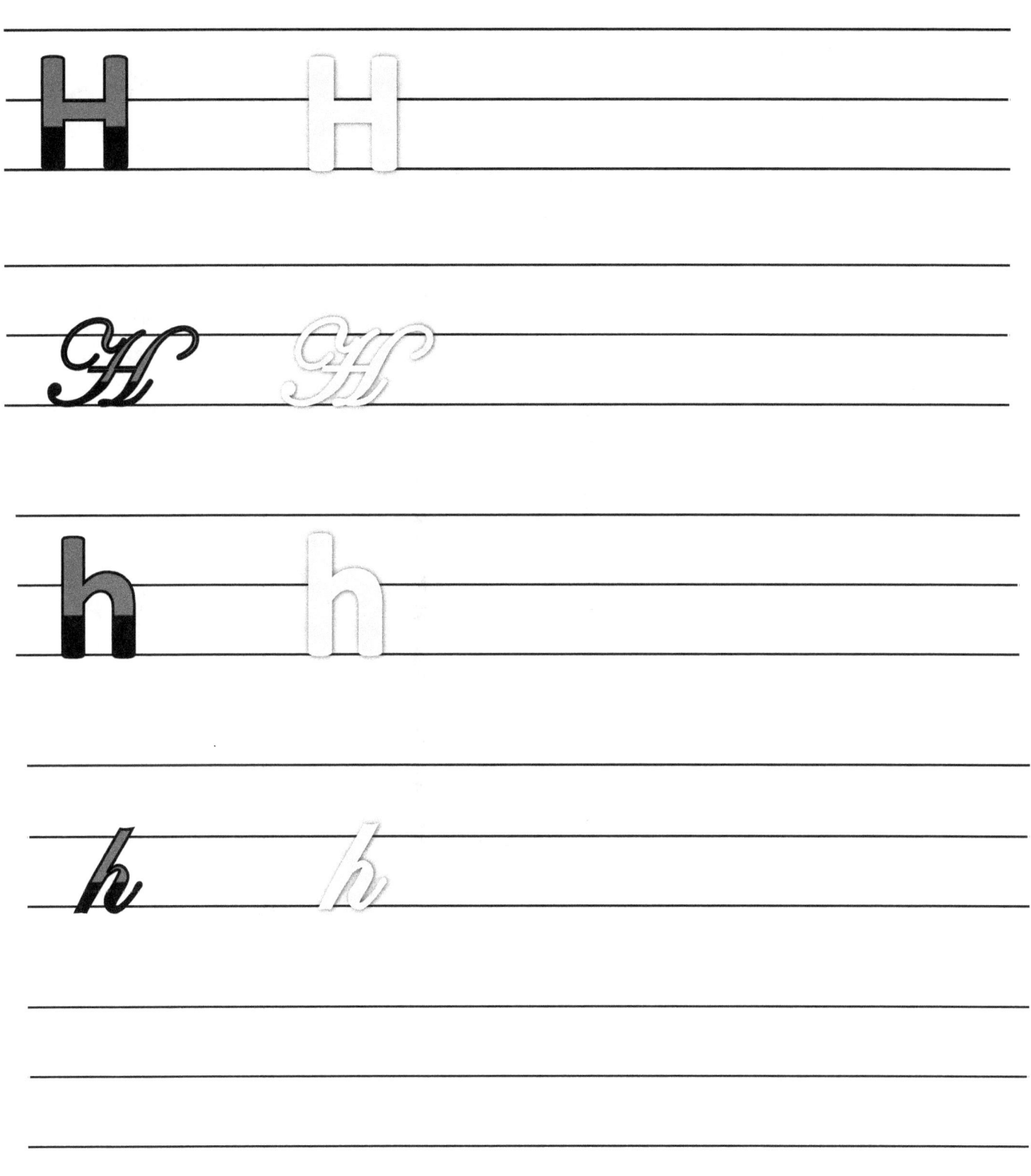

SAY & COLOR

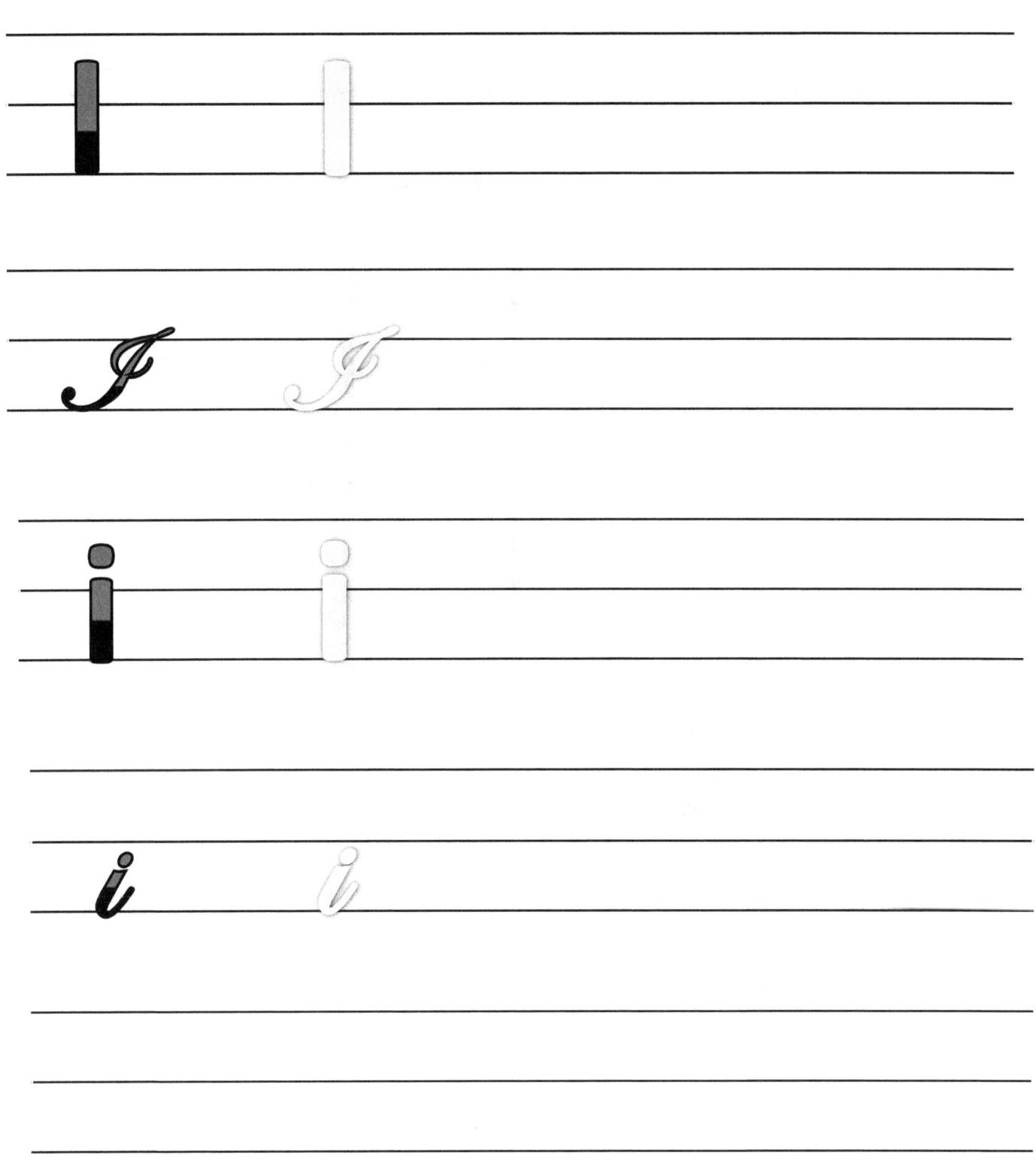

SAY & COLOR

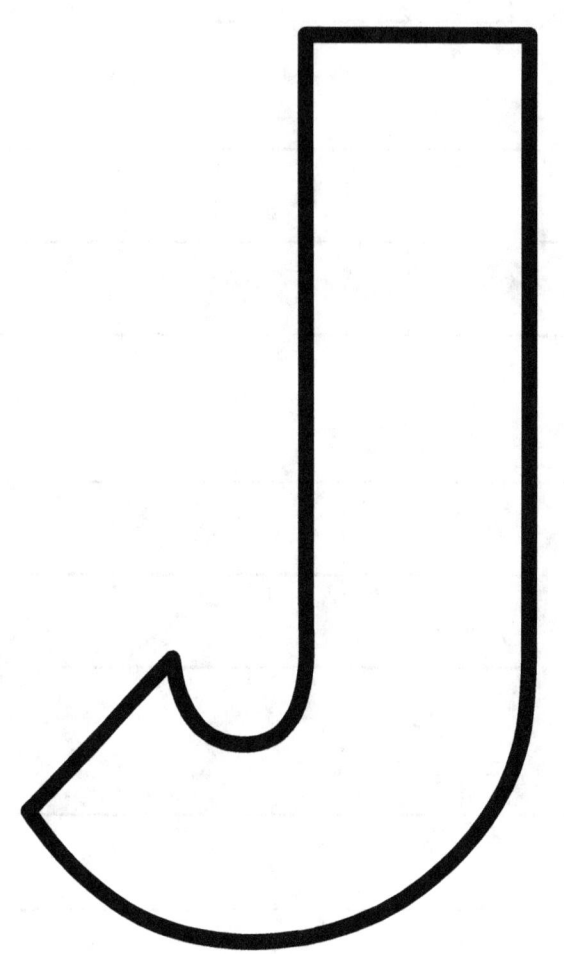

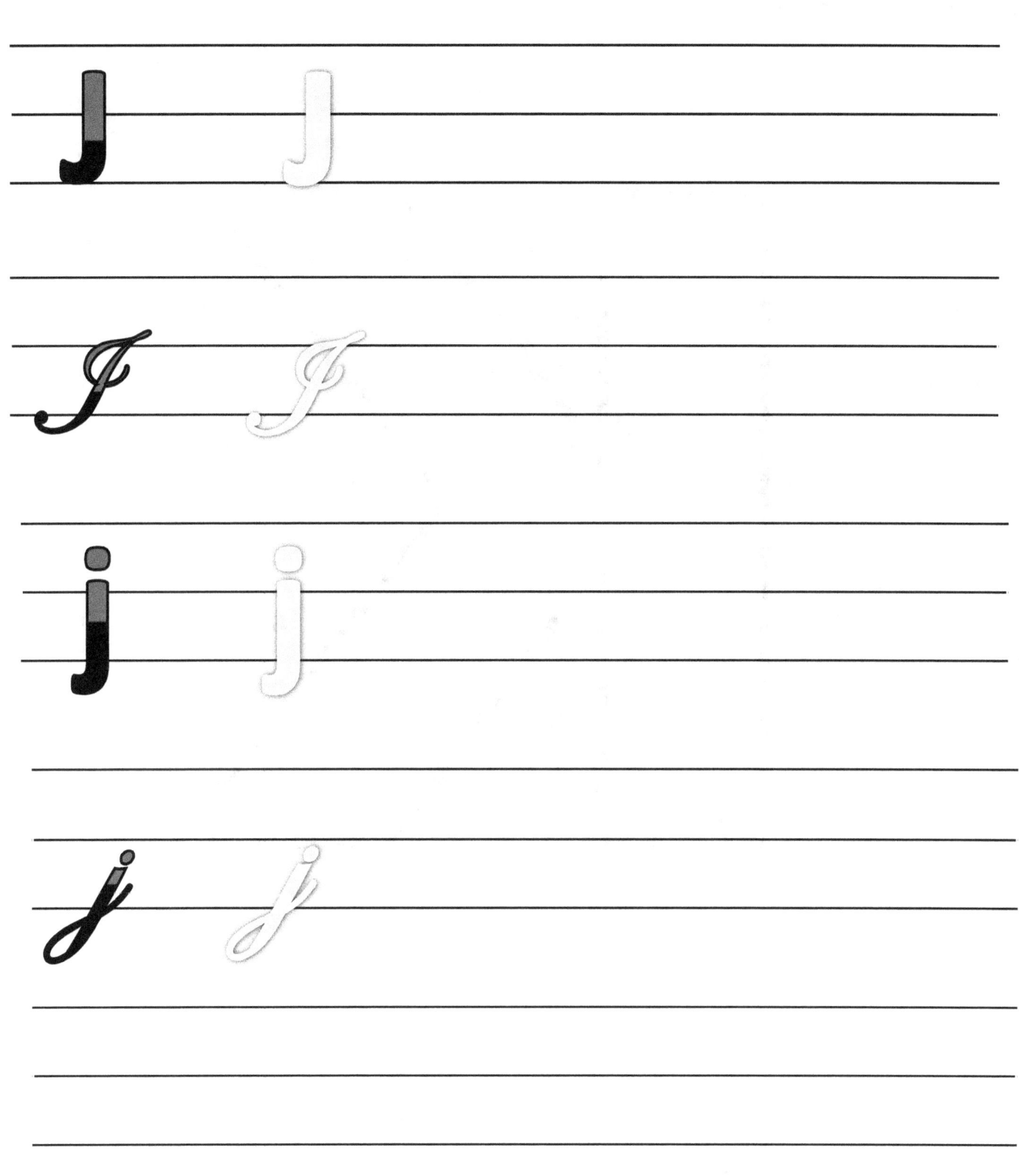

SAY & COLOR

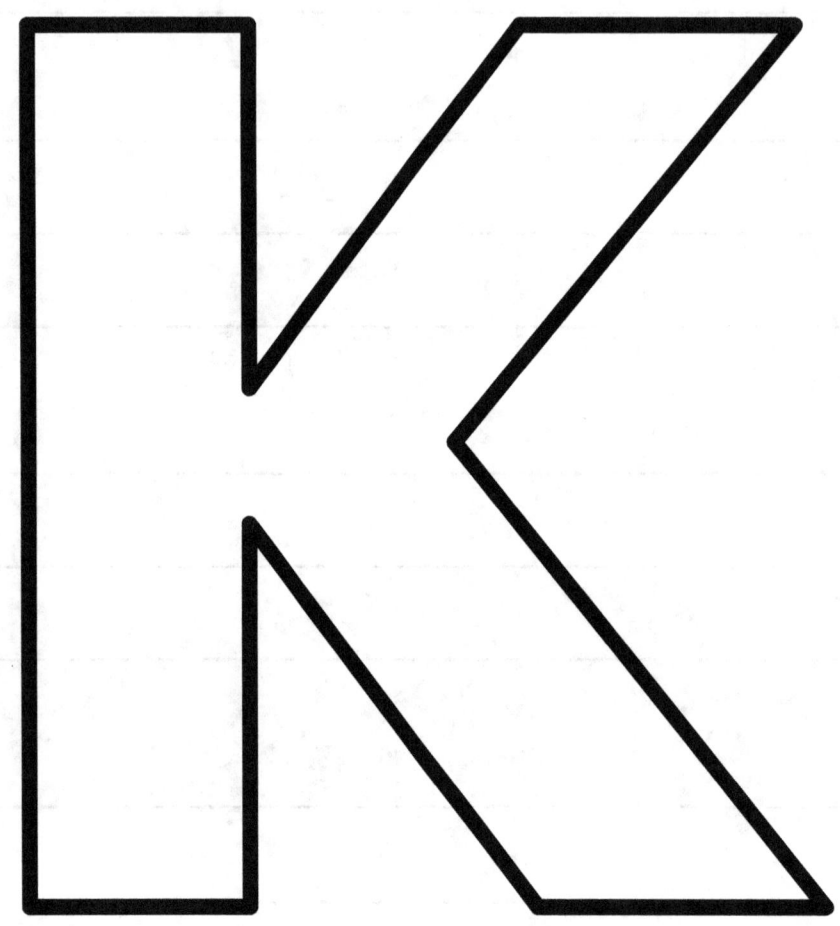

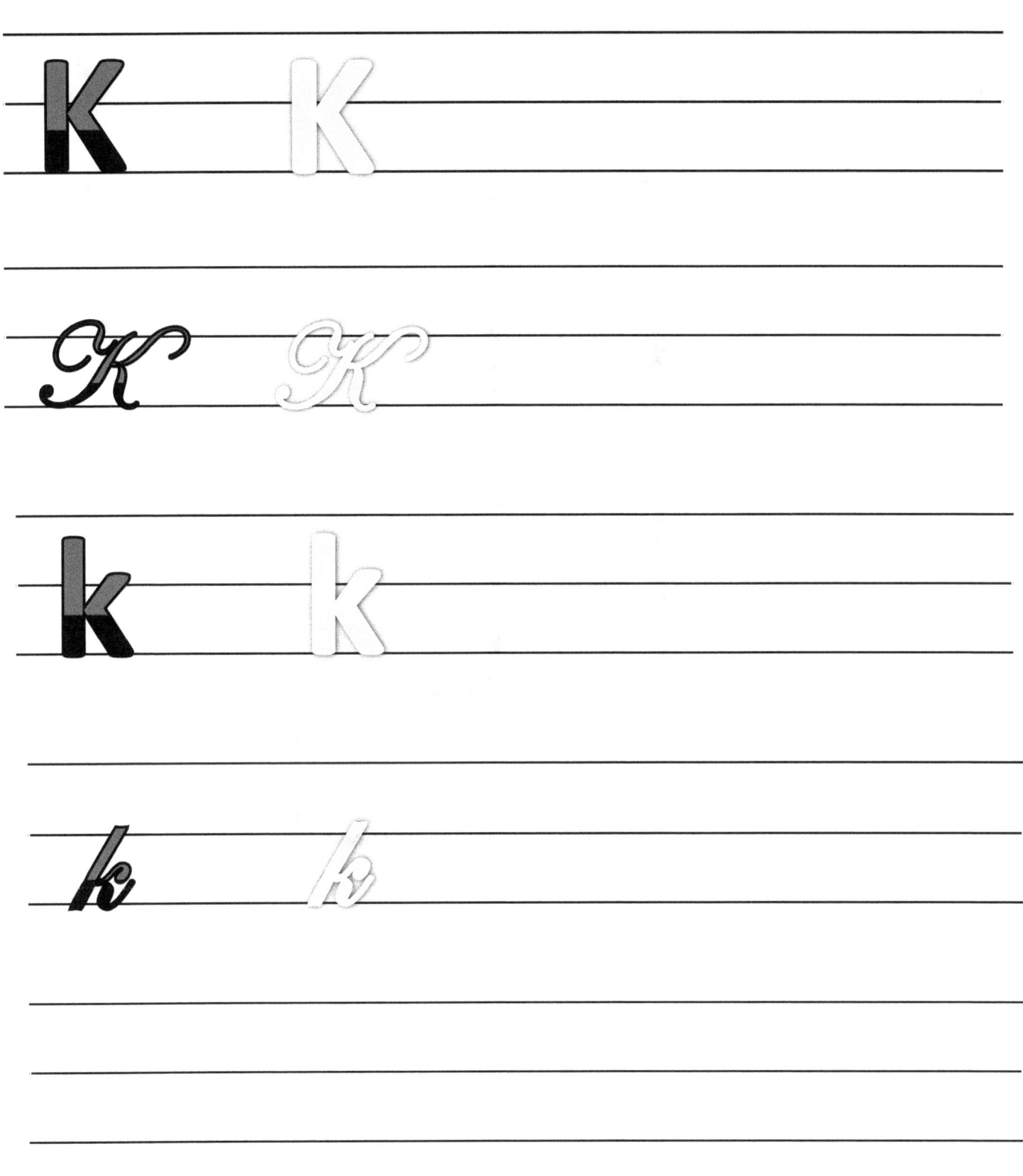

SAY & COLOR

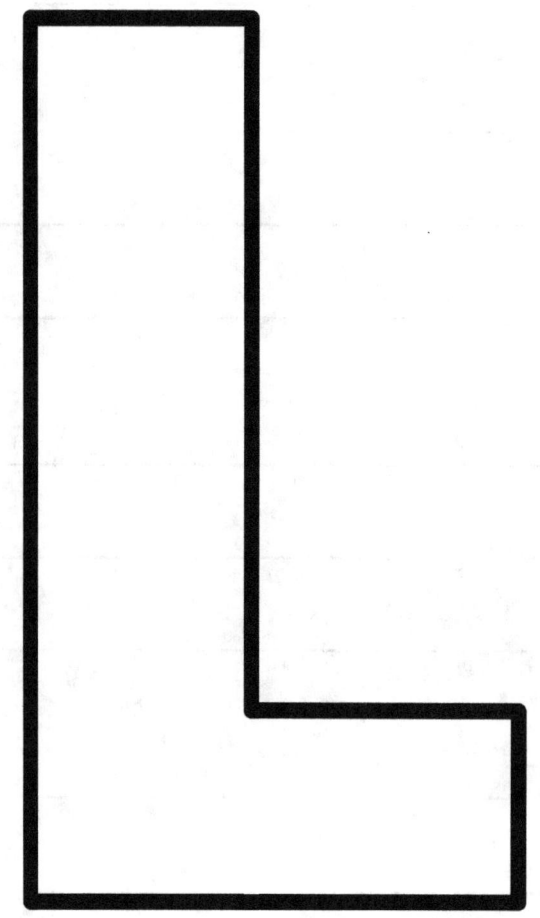

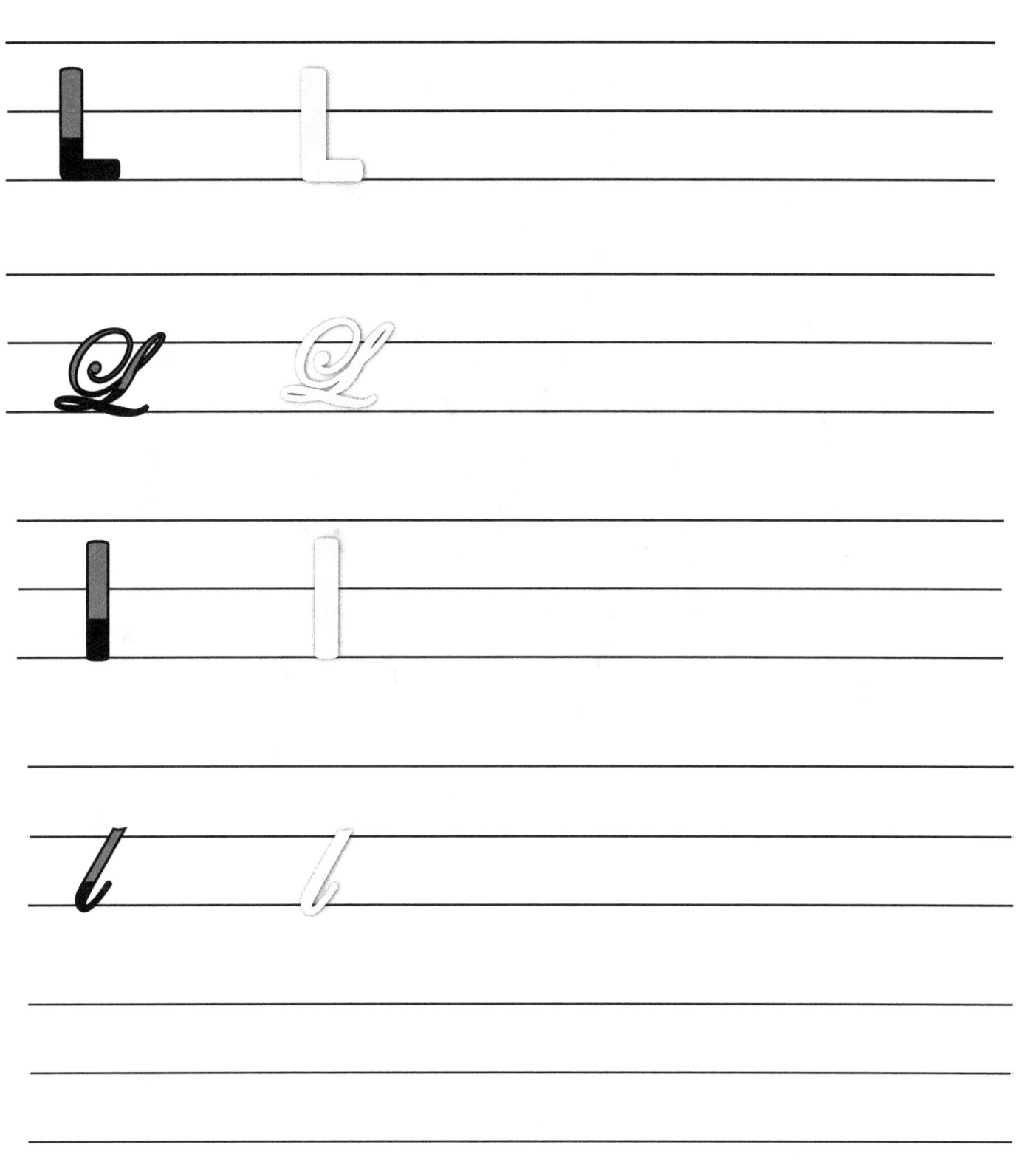

SAY & COLOR

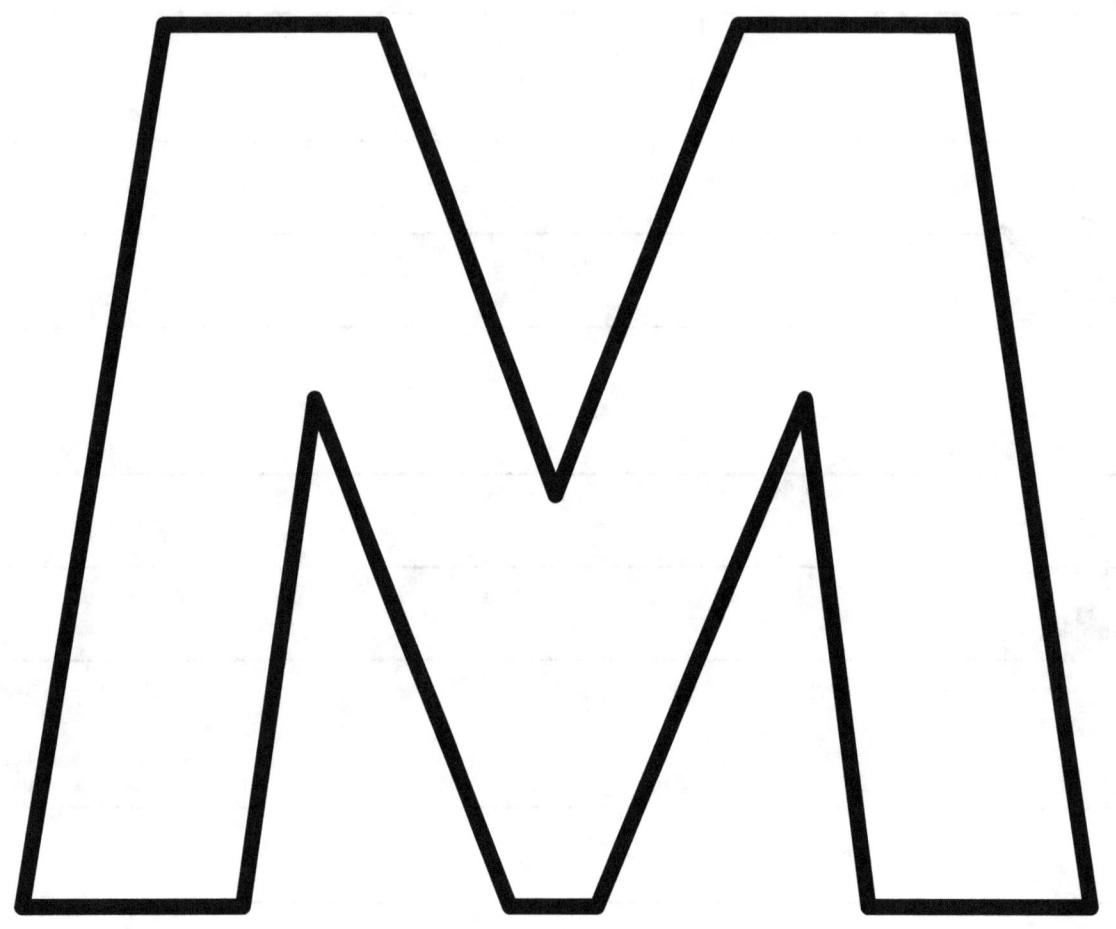

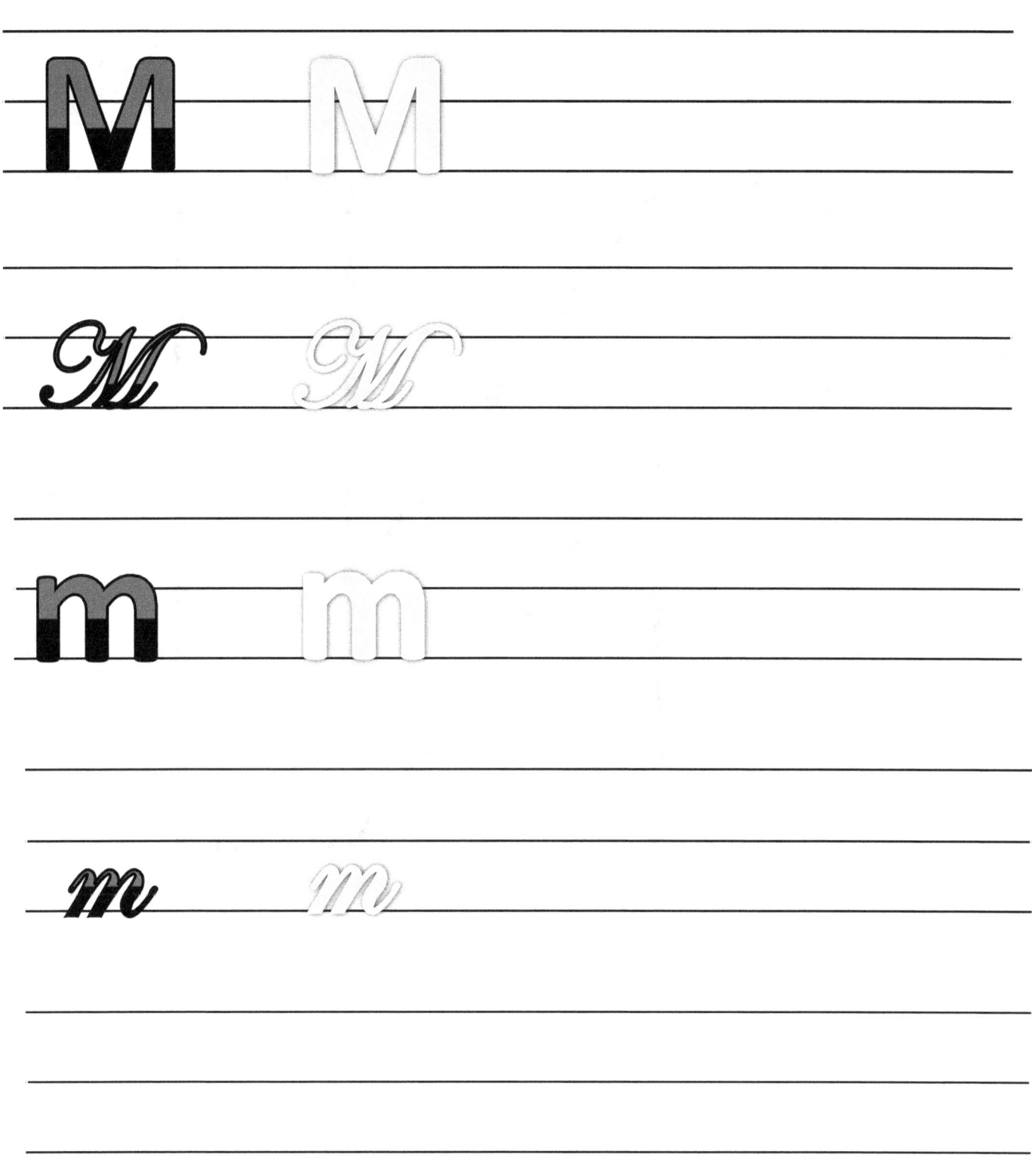

SAY & COLOR

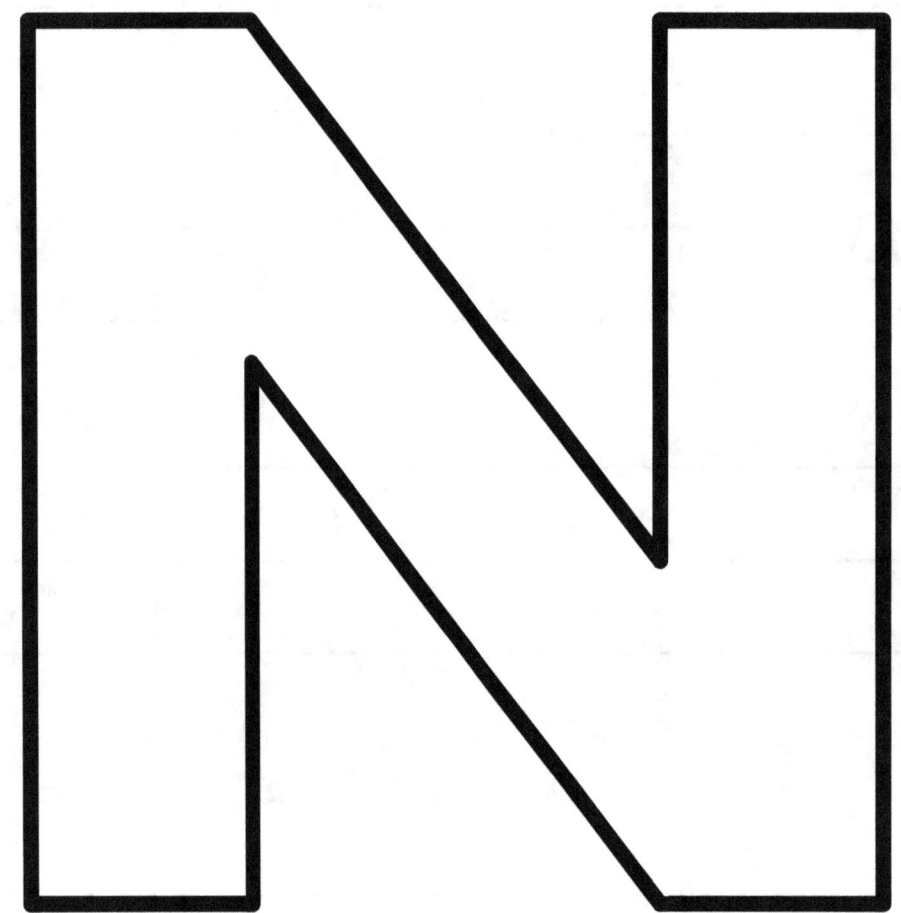

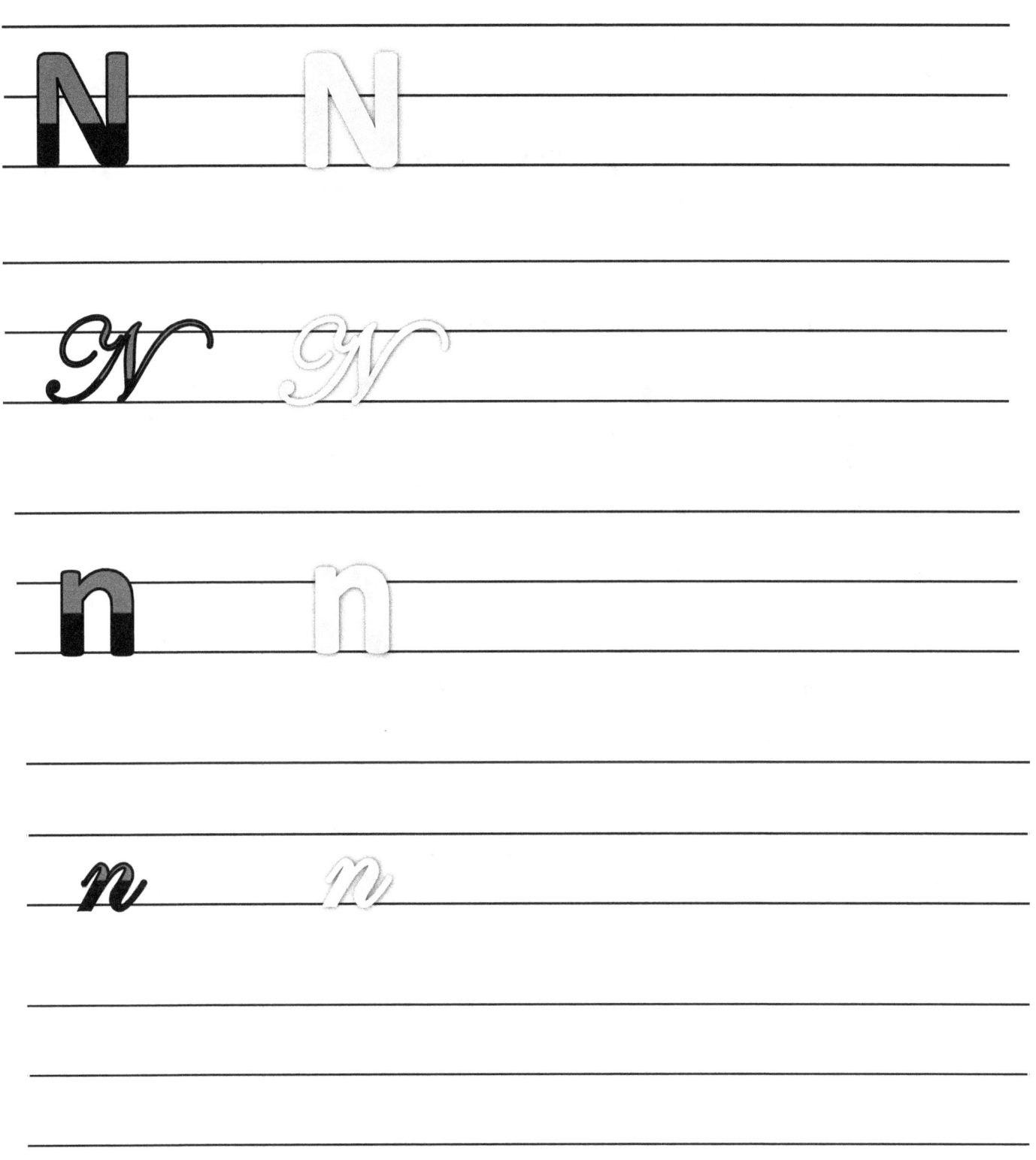

SAY & COLOR

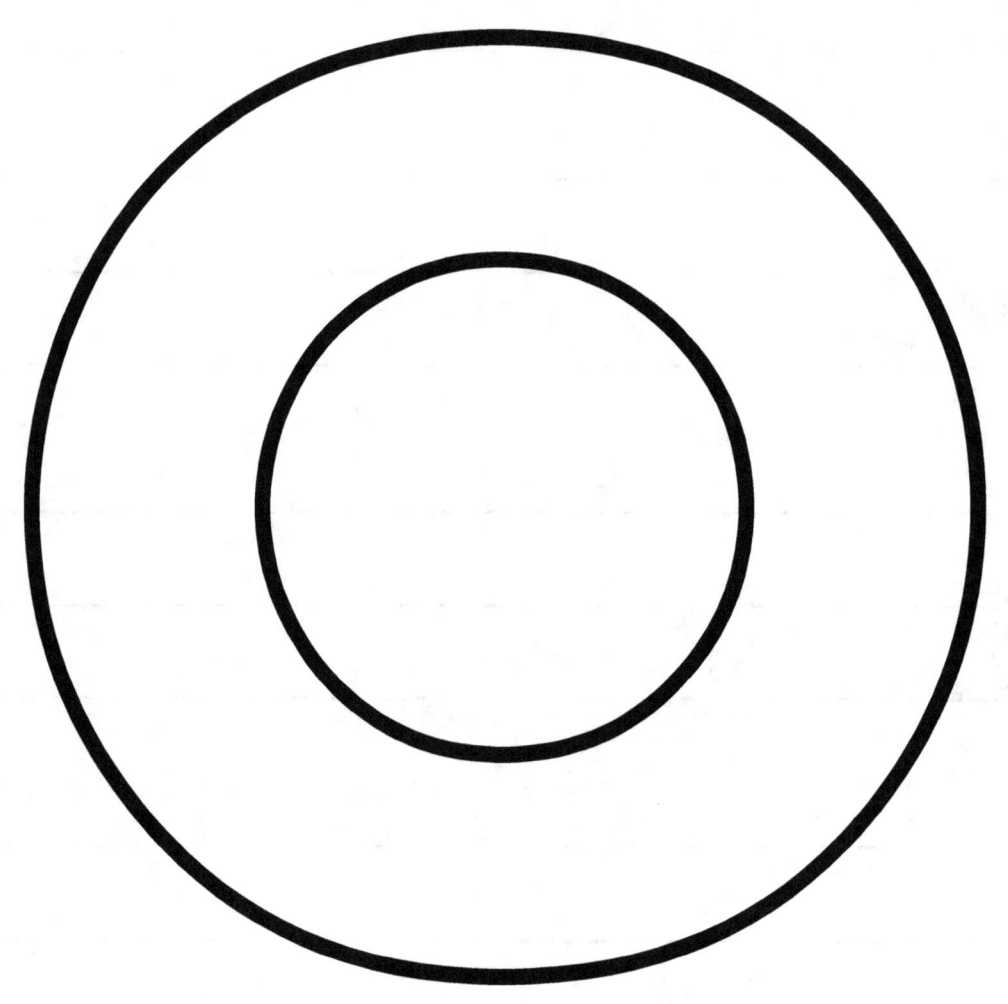

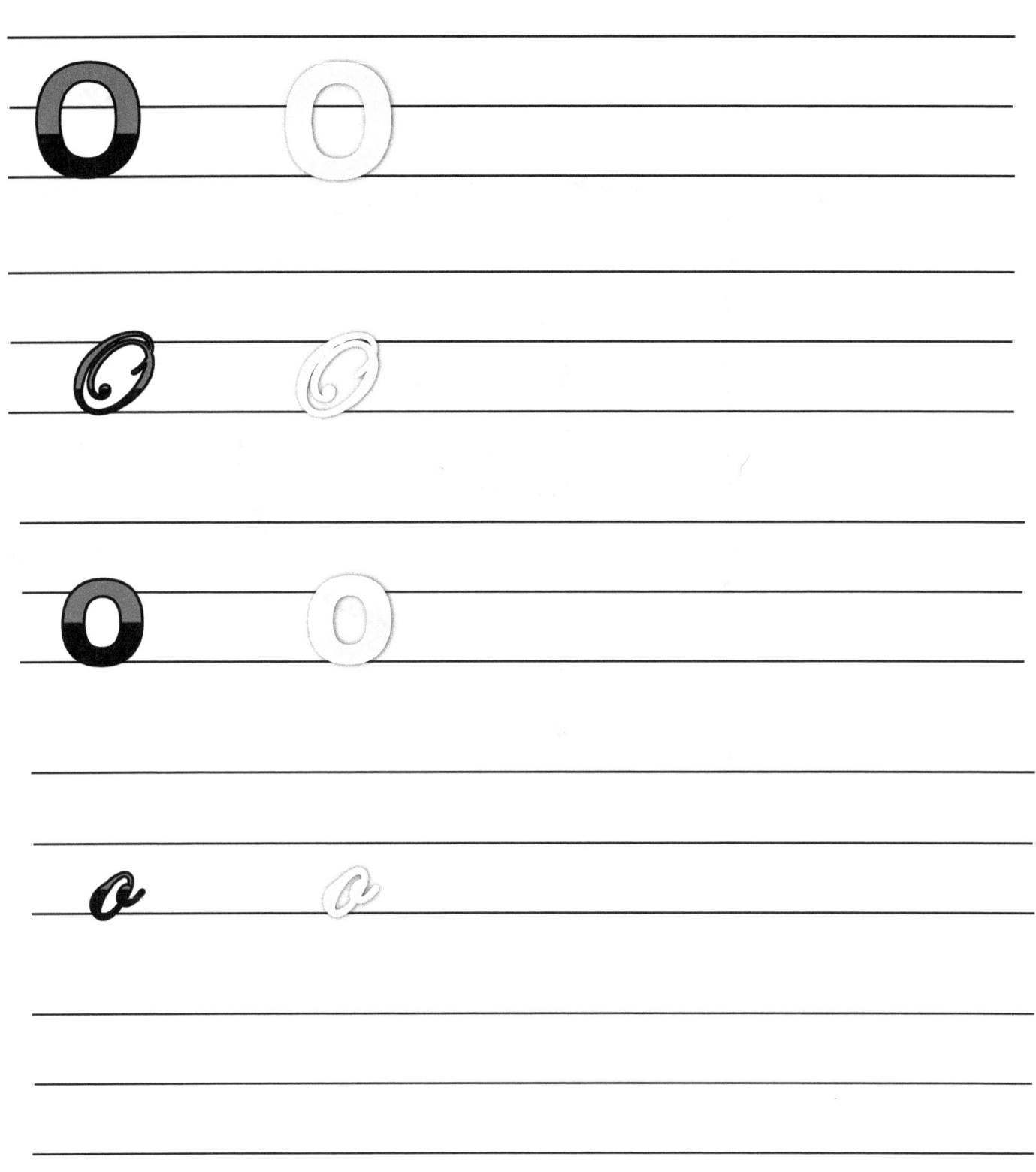

SAY & COLOR

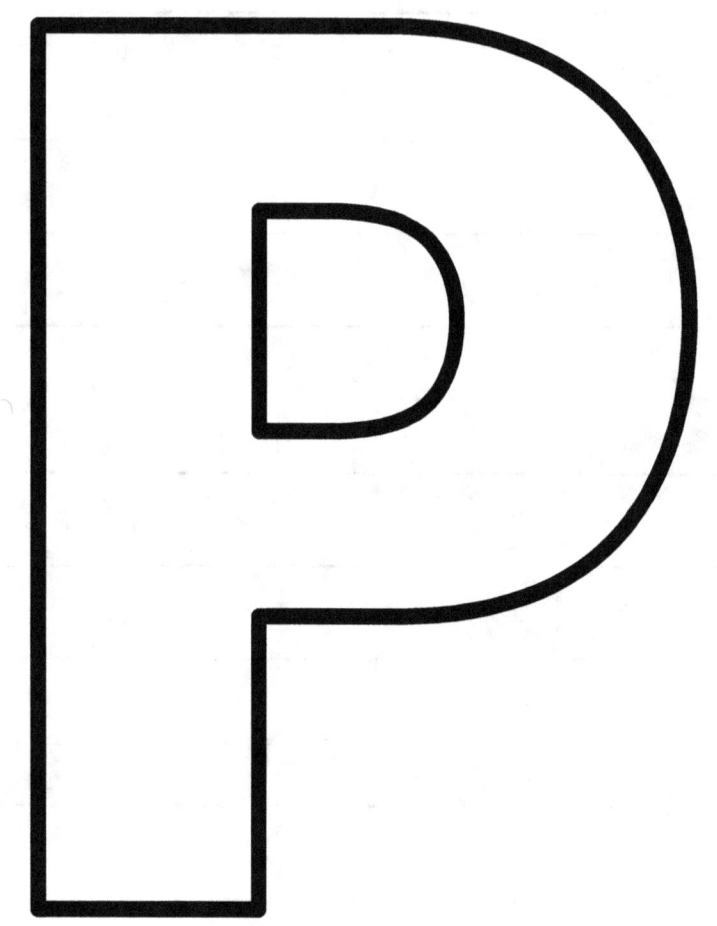

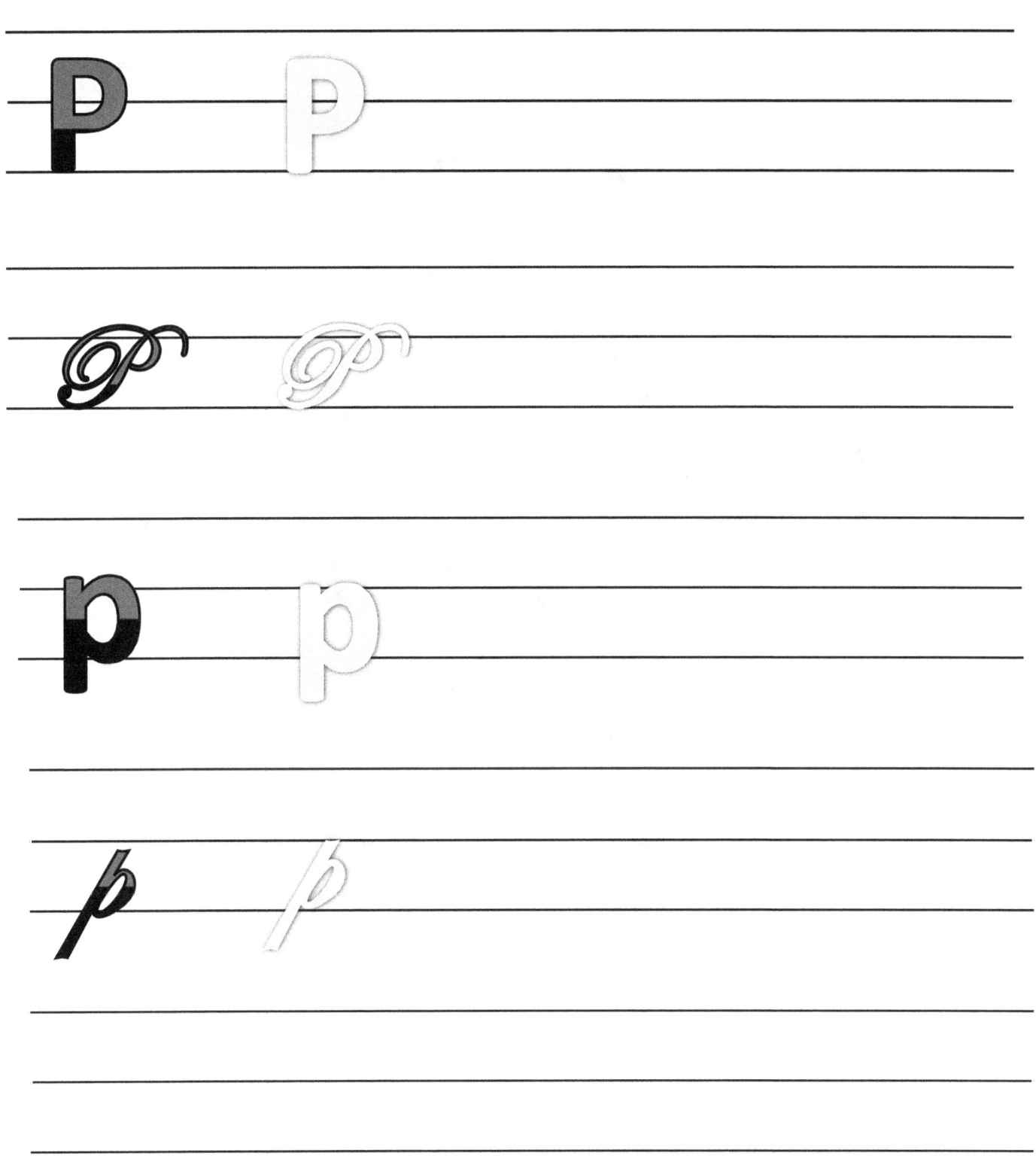

SAY & COLOR

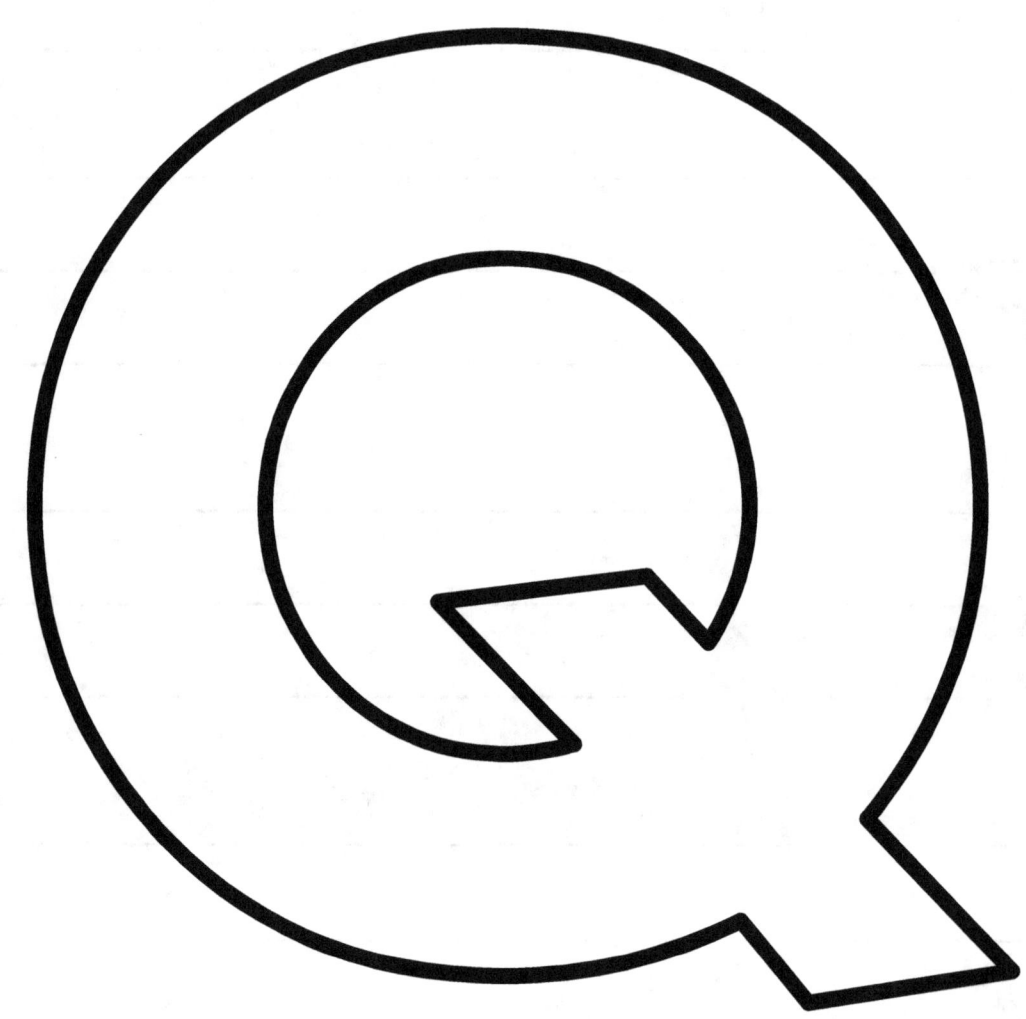

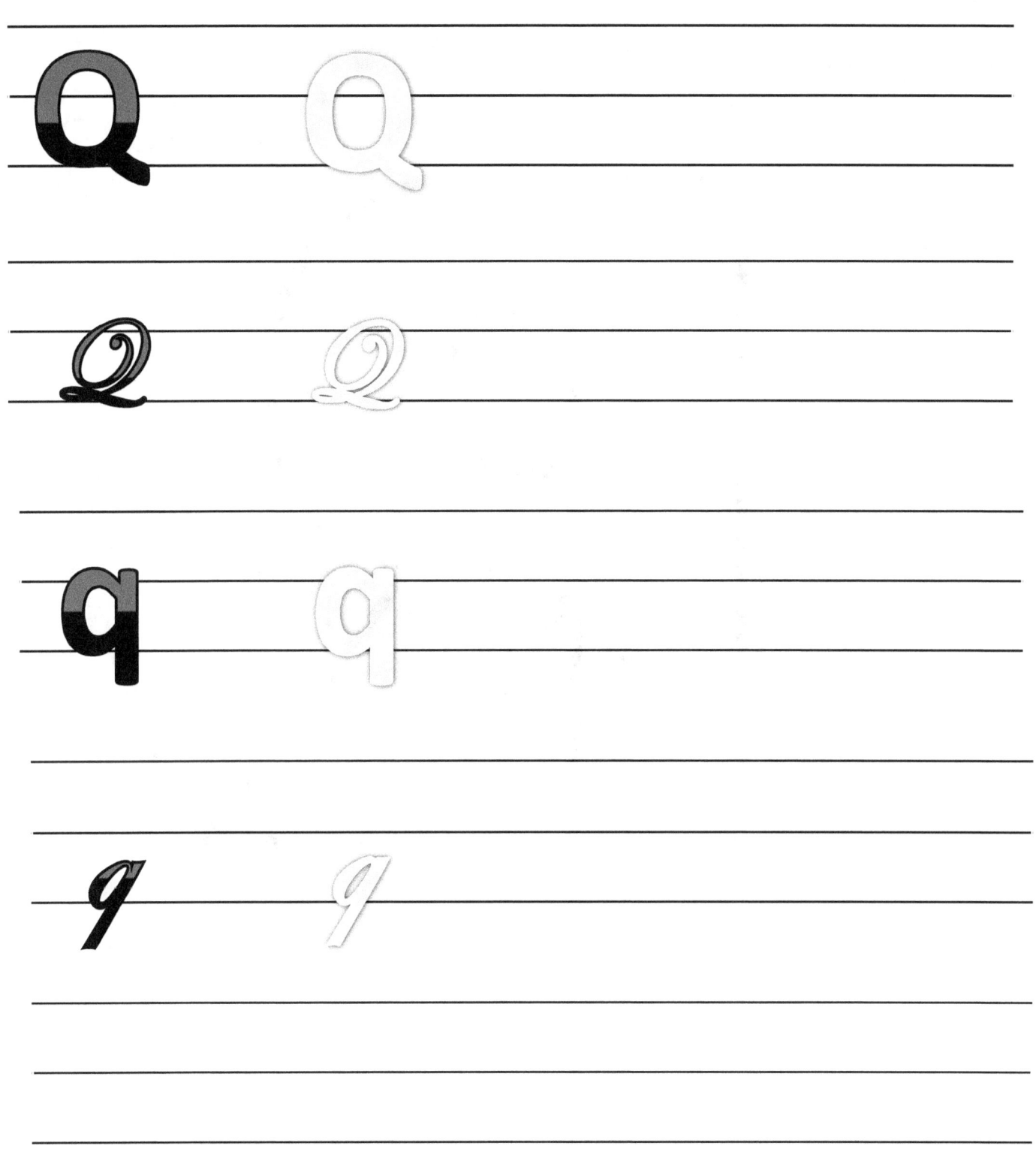

SAY & COLOR

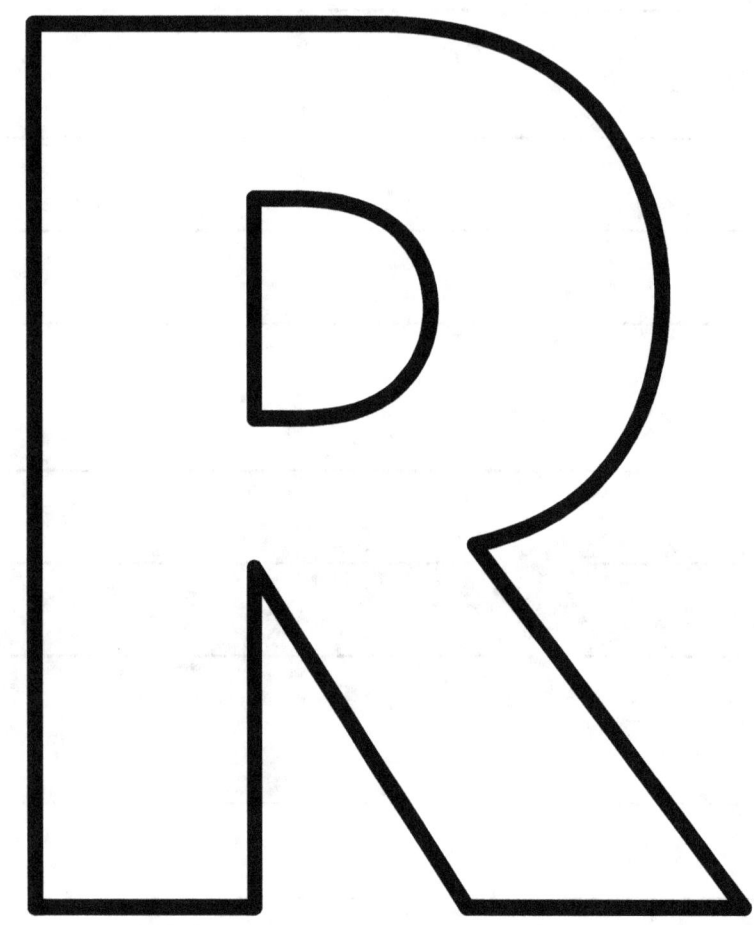

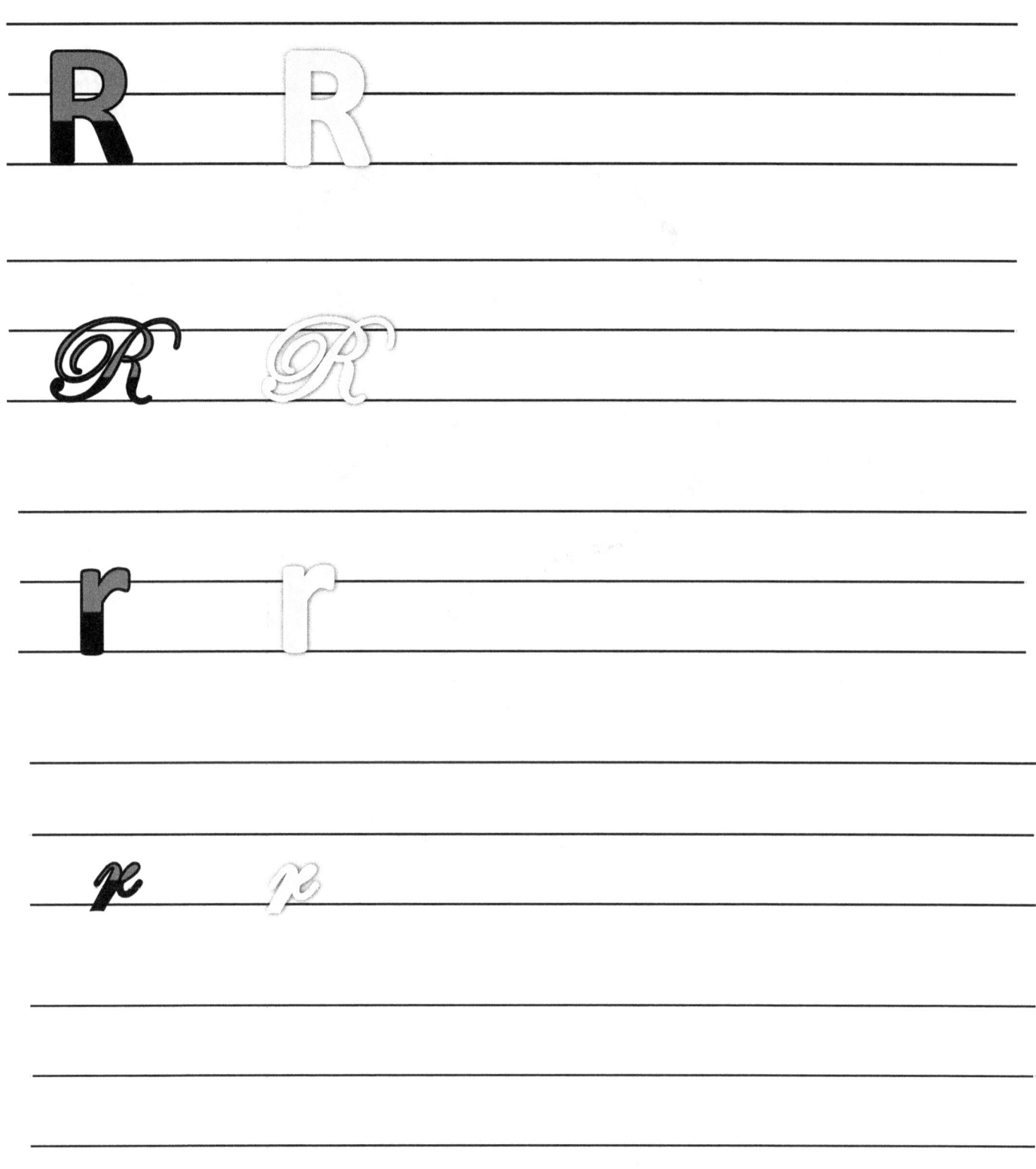

SAY & COLOR

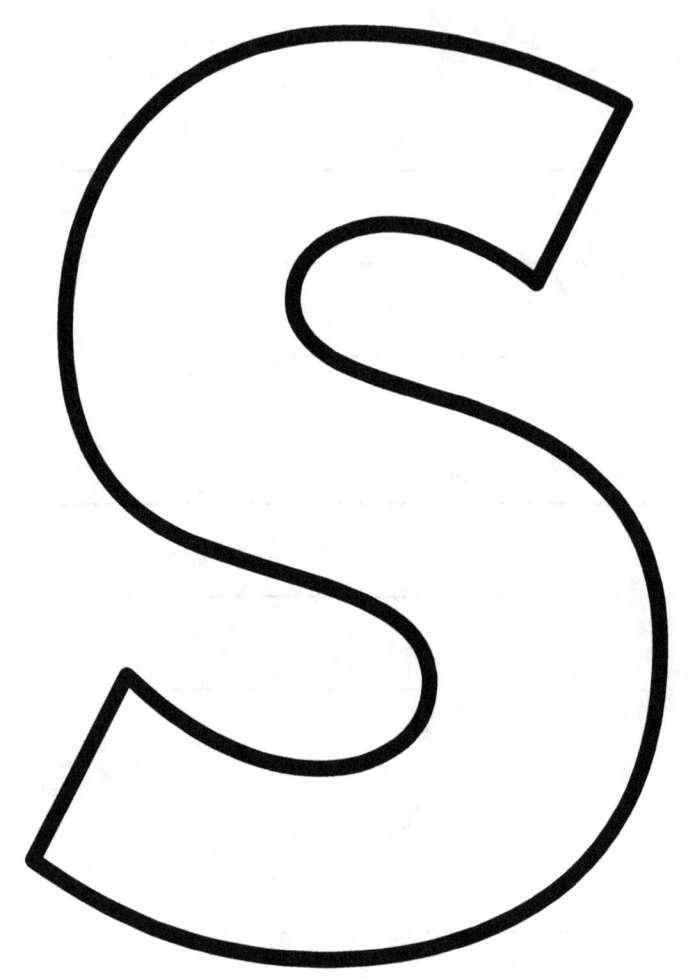

S S

𝒮 𝒮

S S

𝒮 𝒮

SAY & COLOR

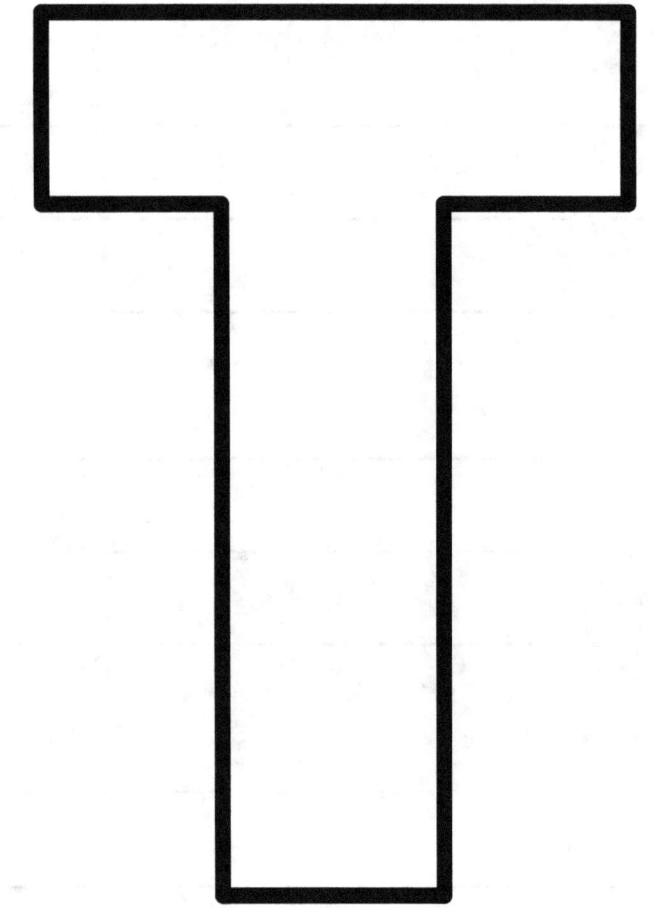

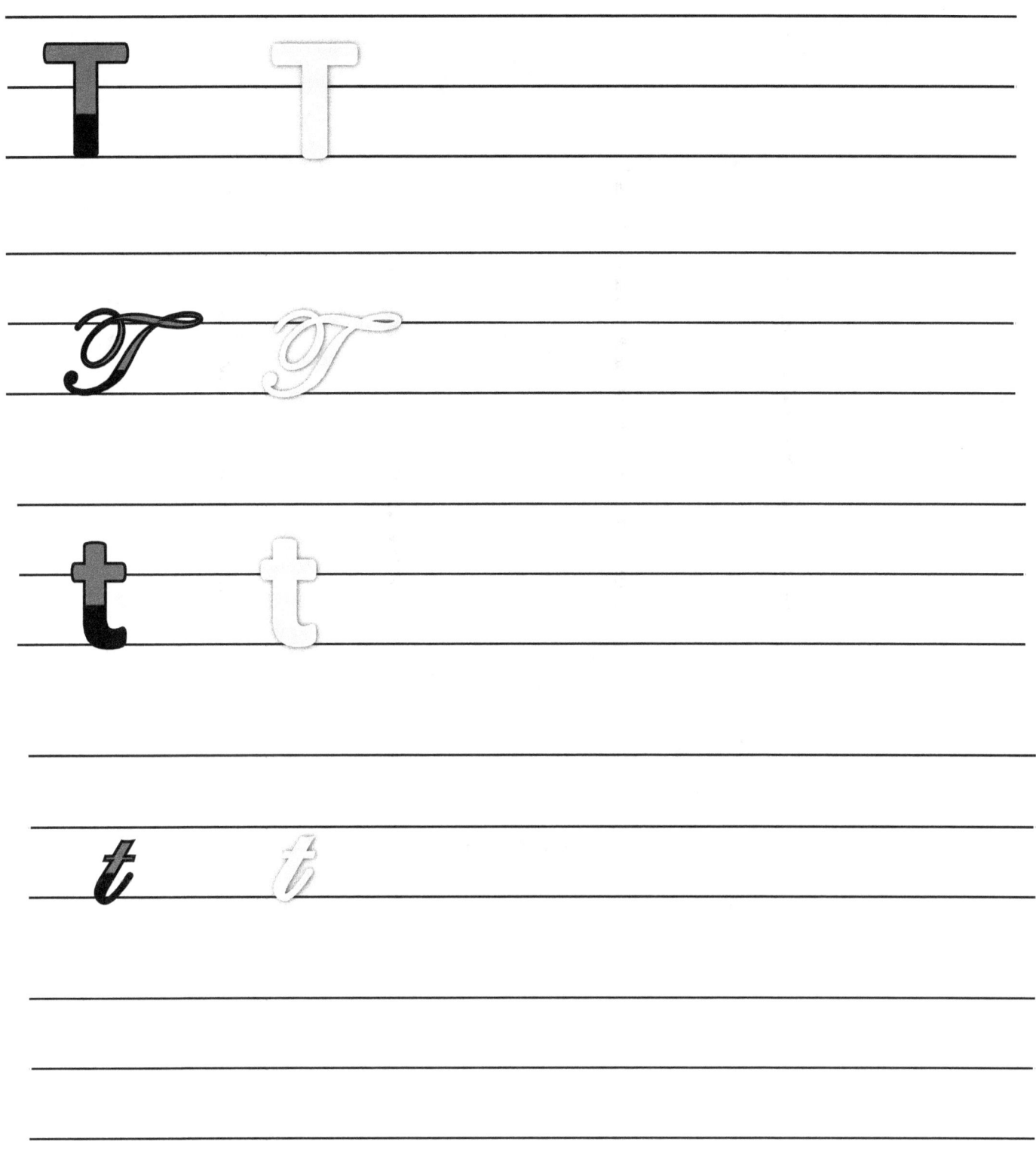

SAY & COLOR

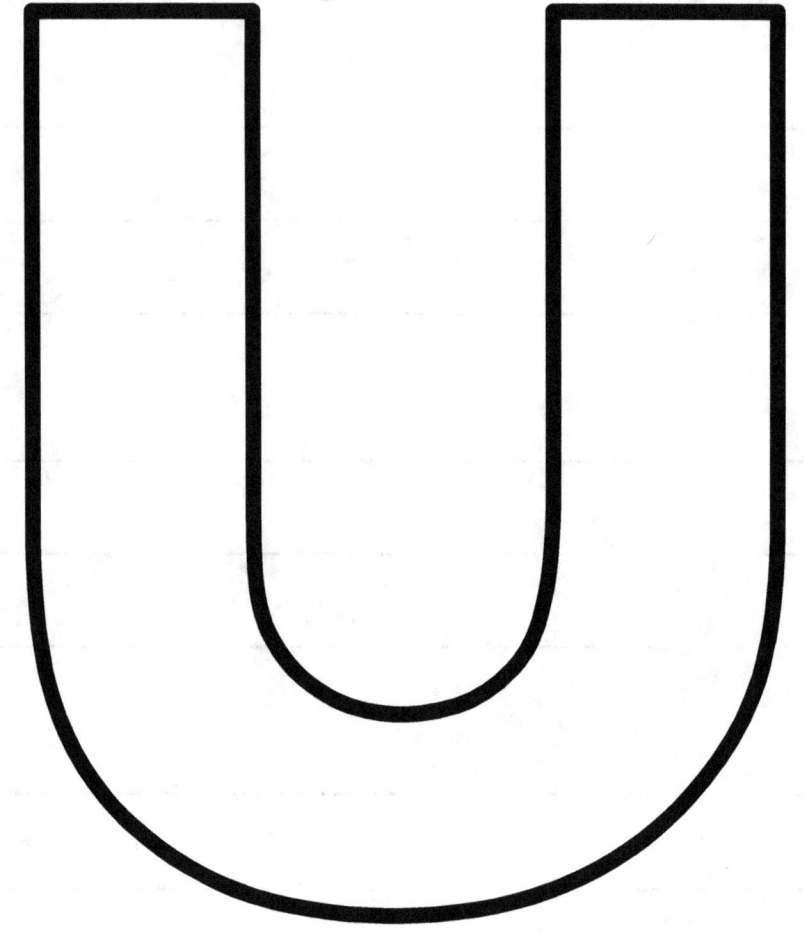

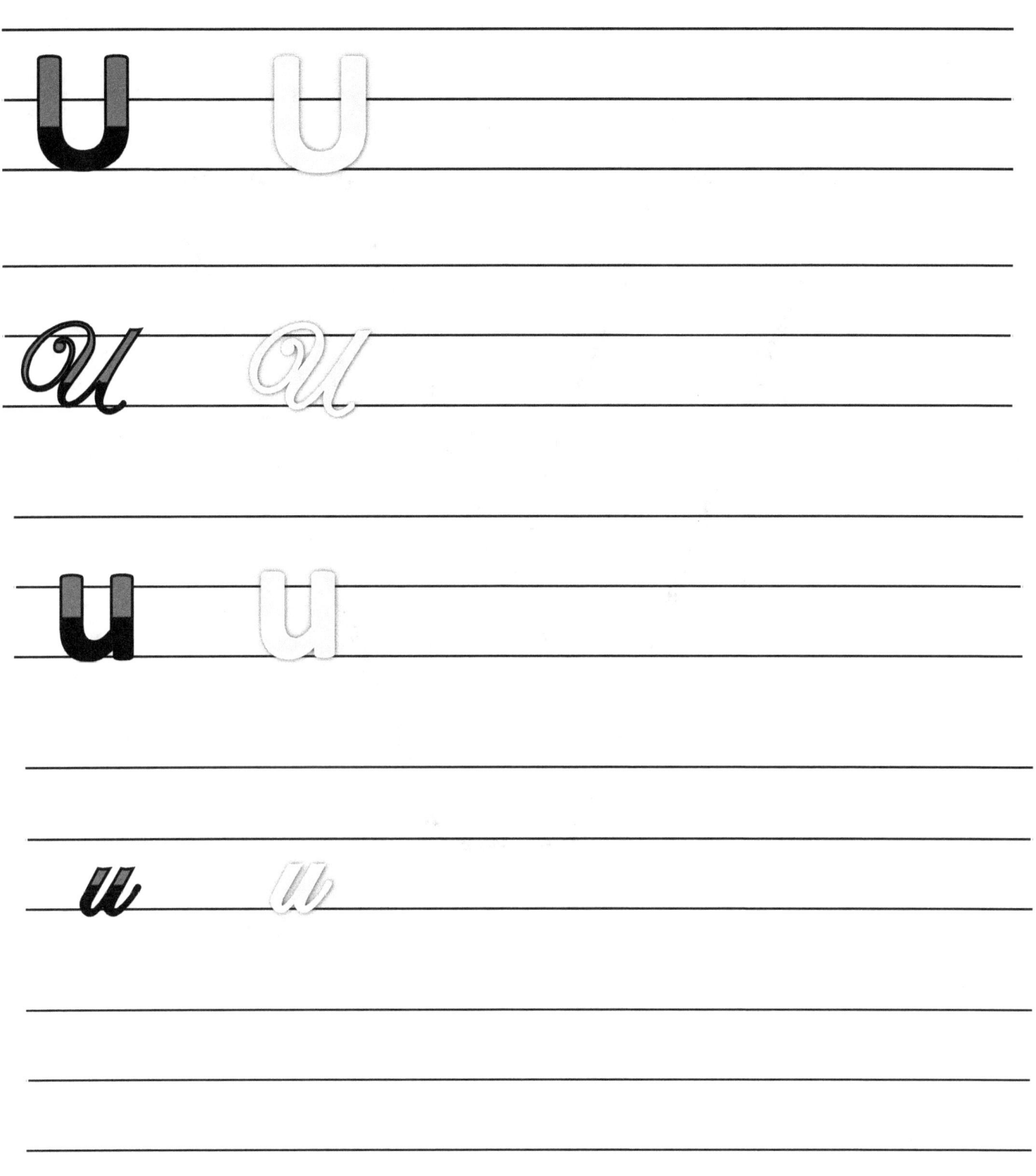

SAY & COLOR

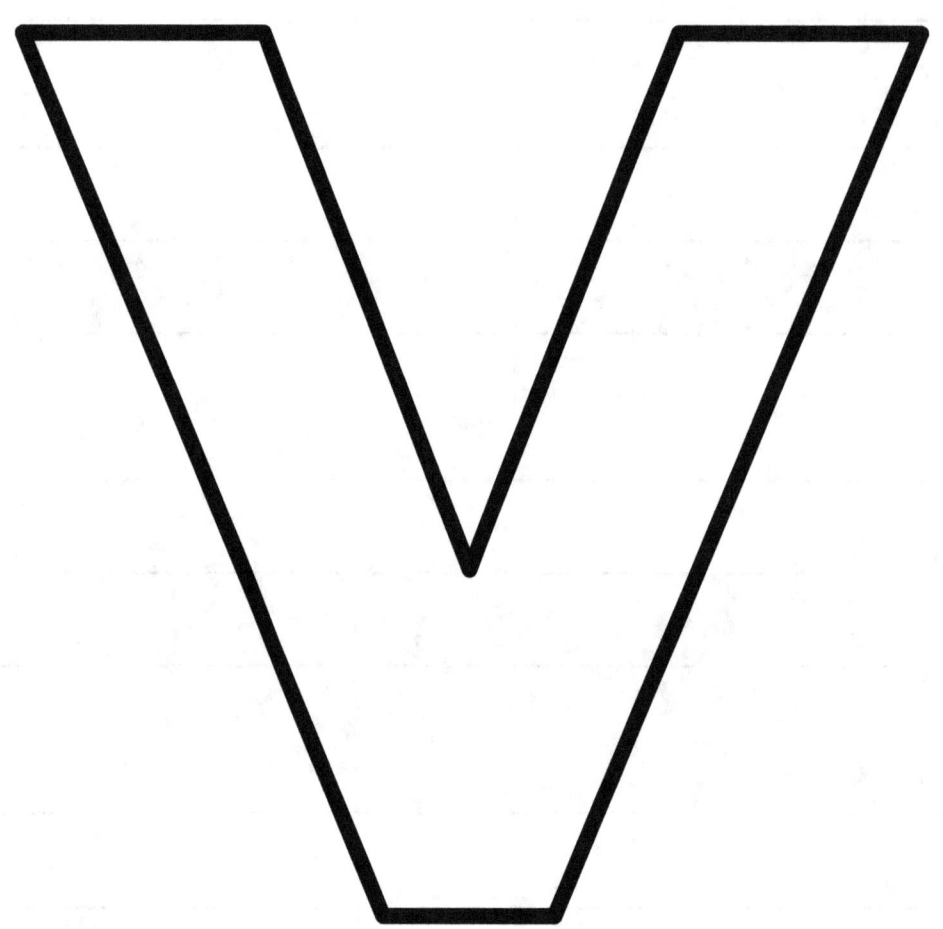

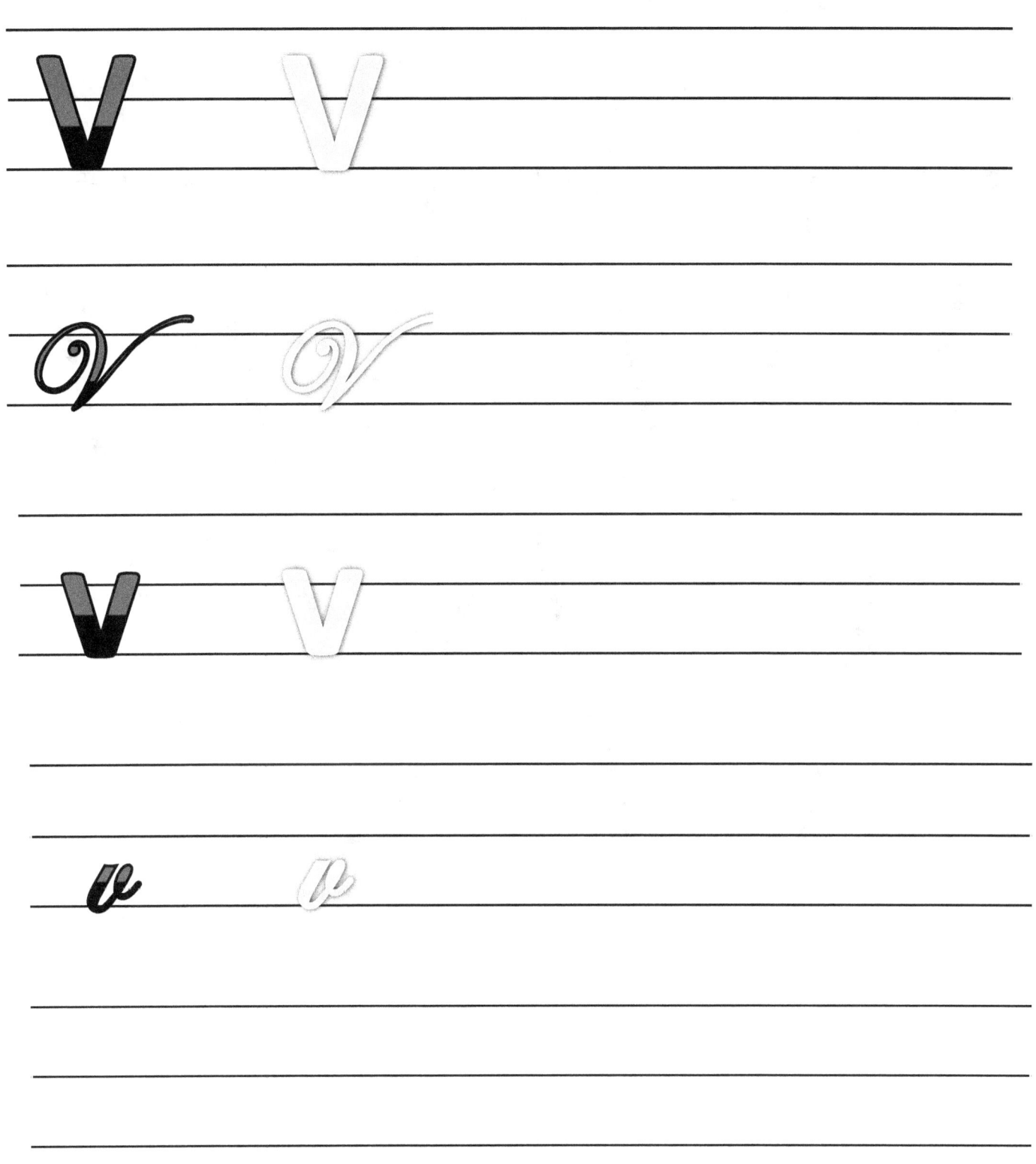

SAY & COLOR

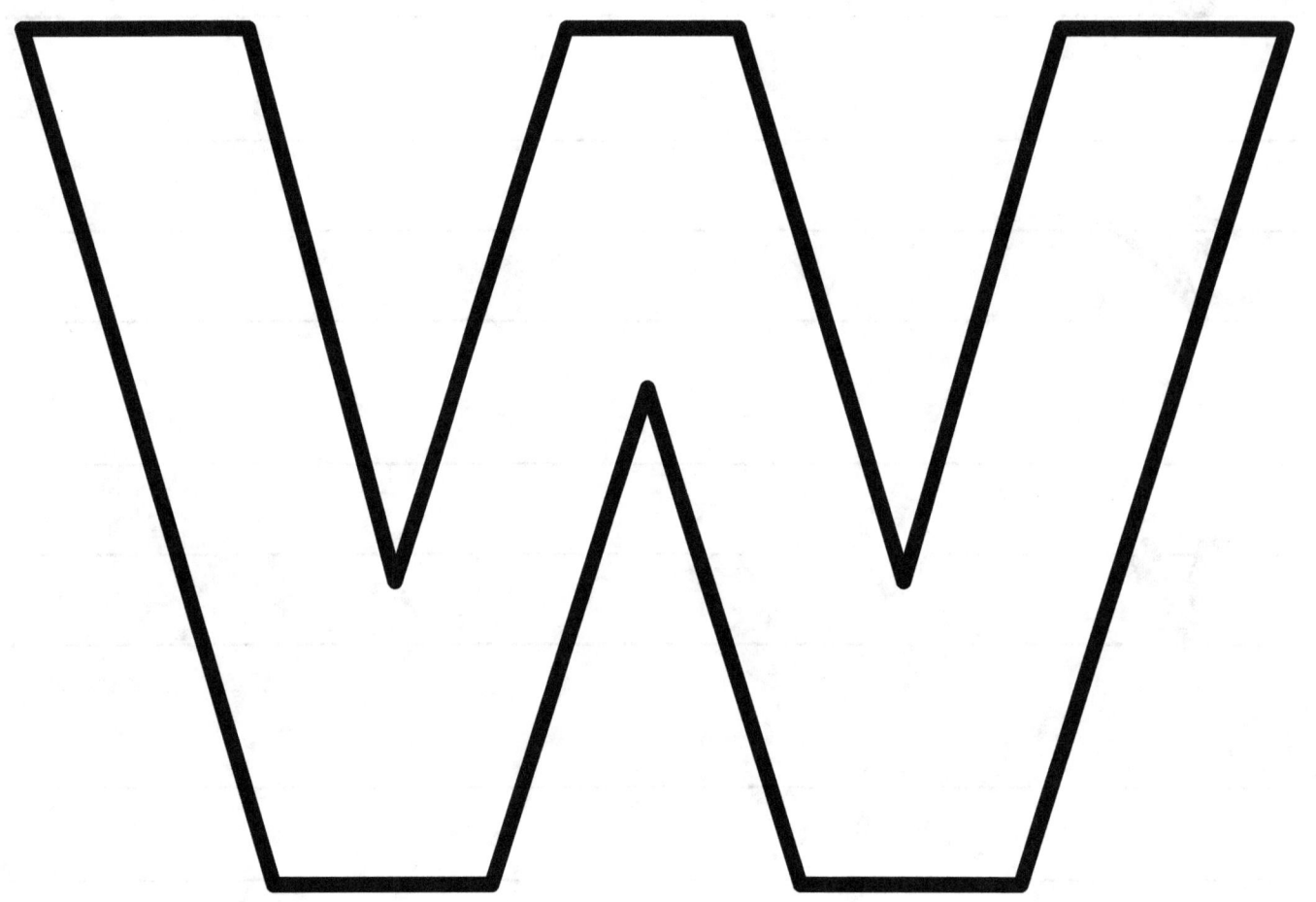

W W

W W

W W

w w

SAY & COLOR

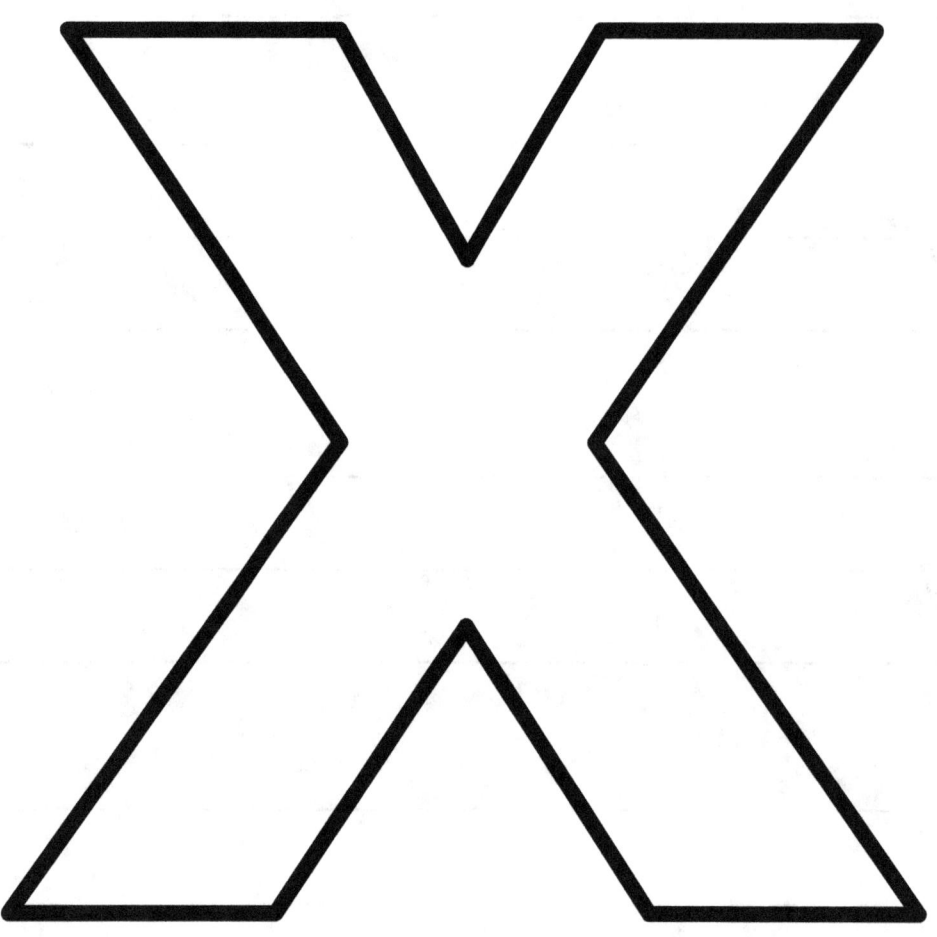

SAY & COLOR

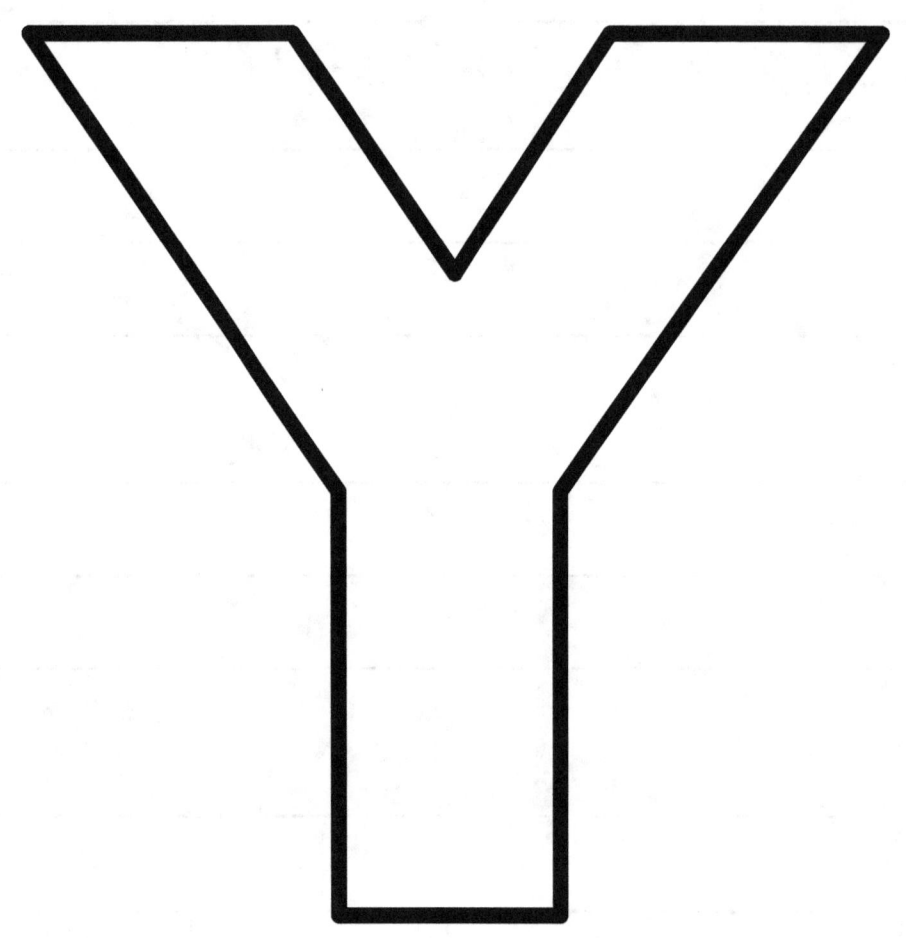

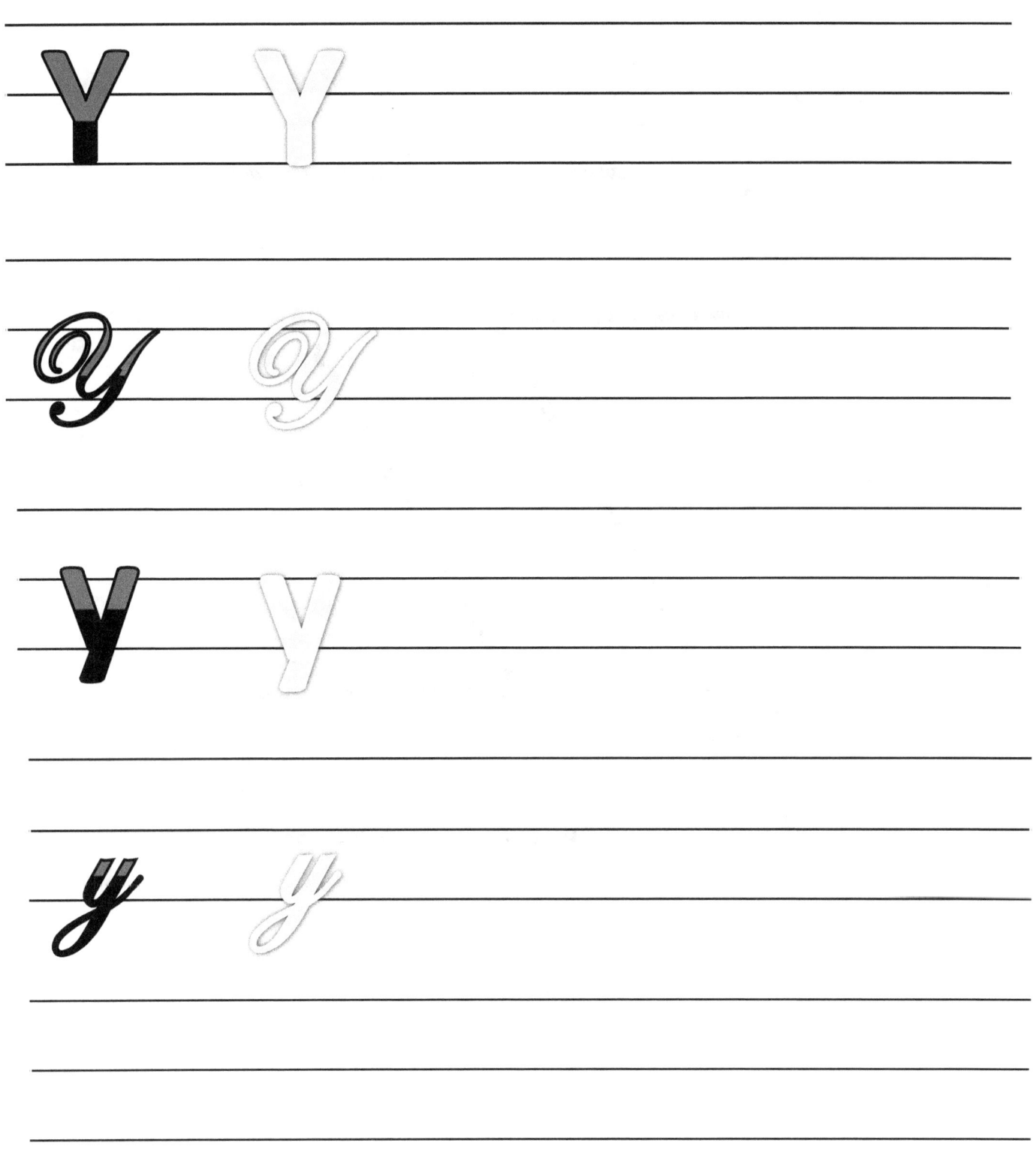

SAY & COLOR

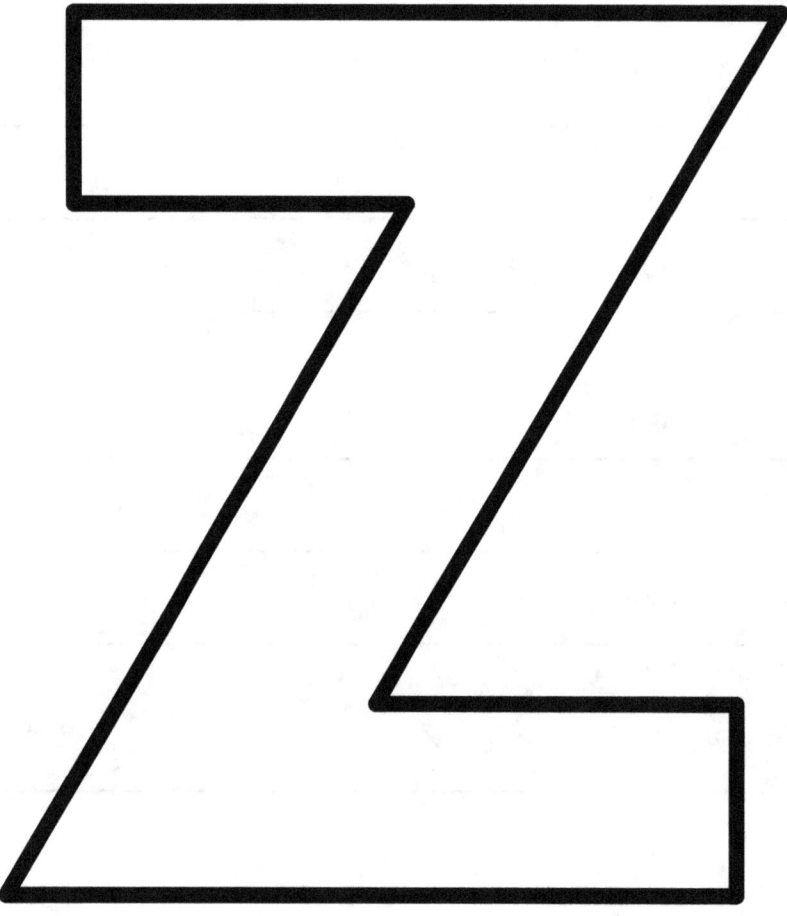

Z Z

Z *Z*

Z Z

Z *Z*

PRACTICING

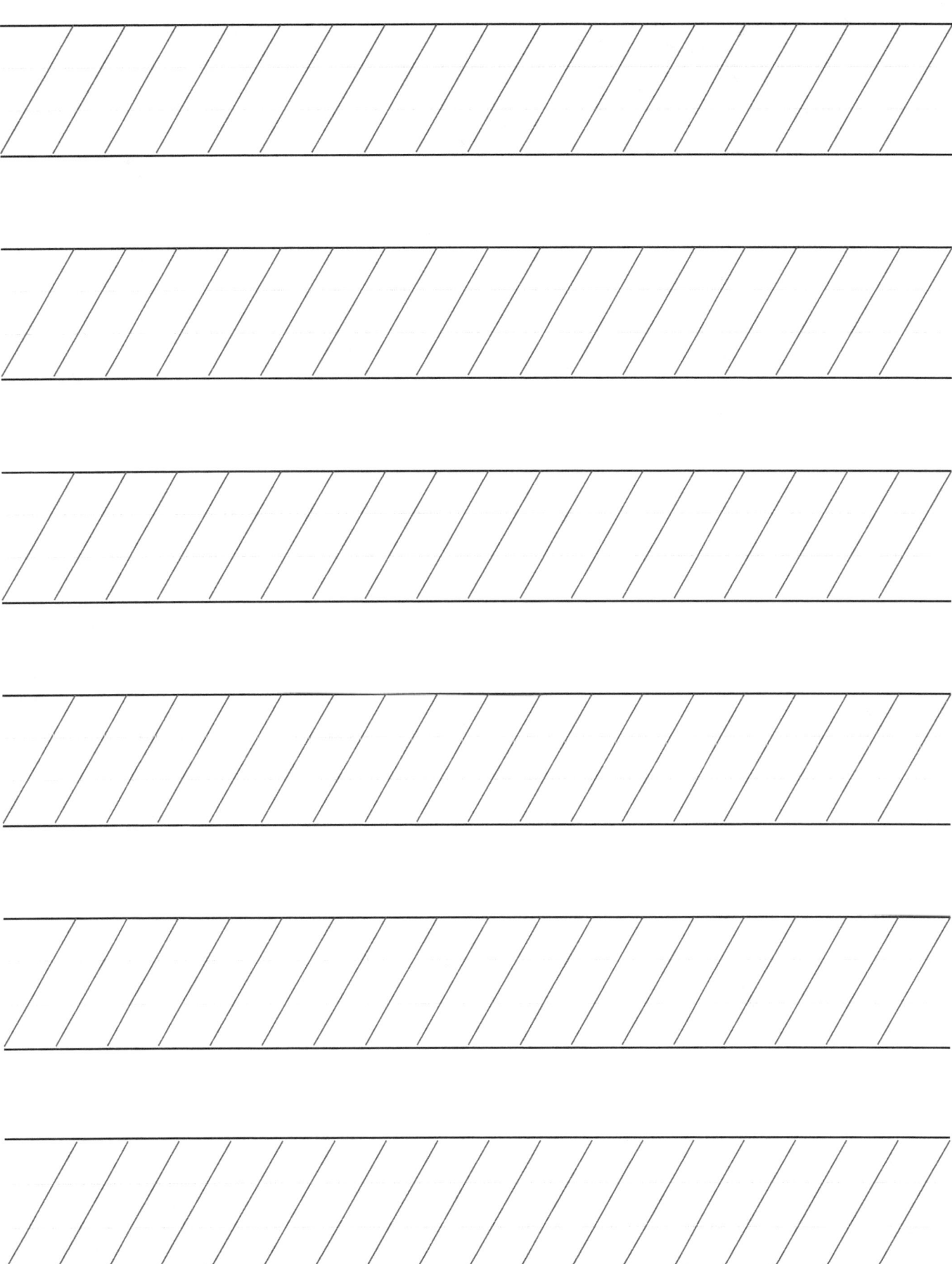

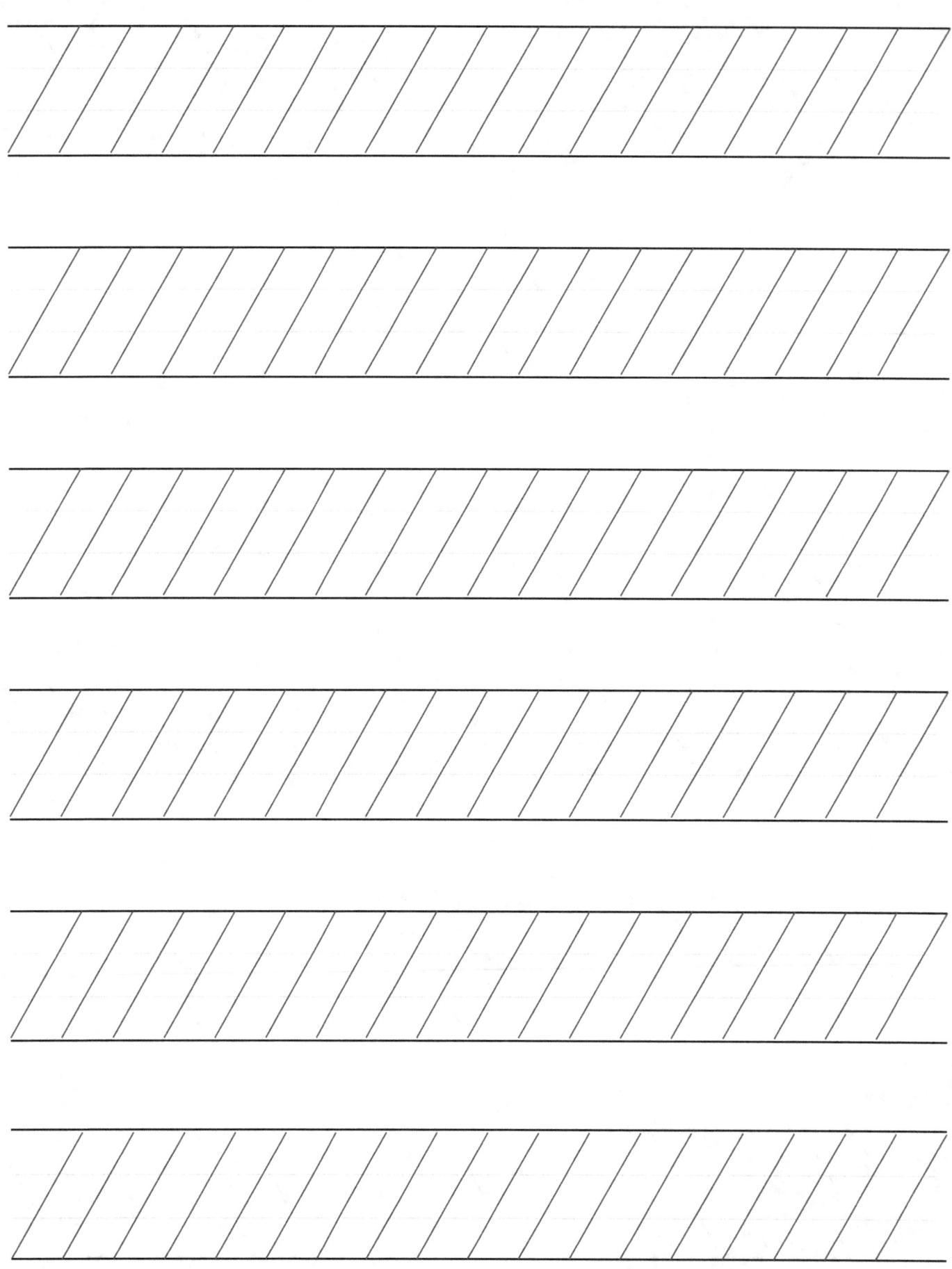

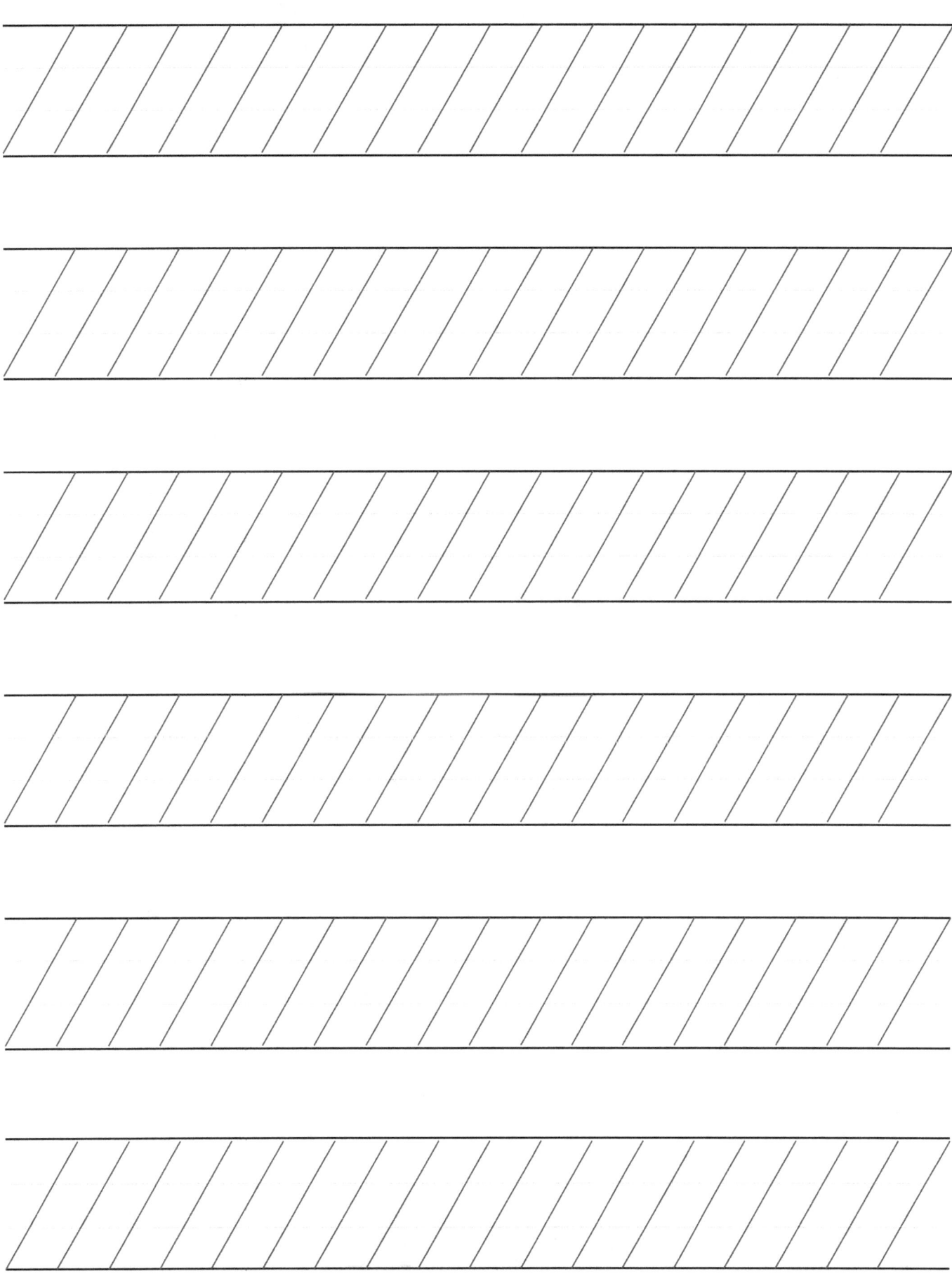

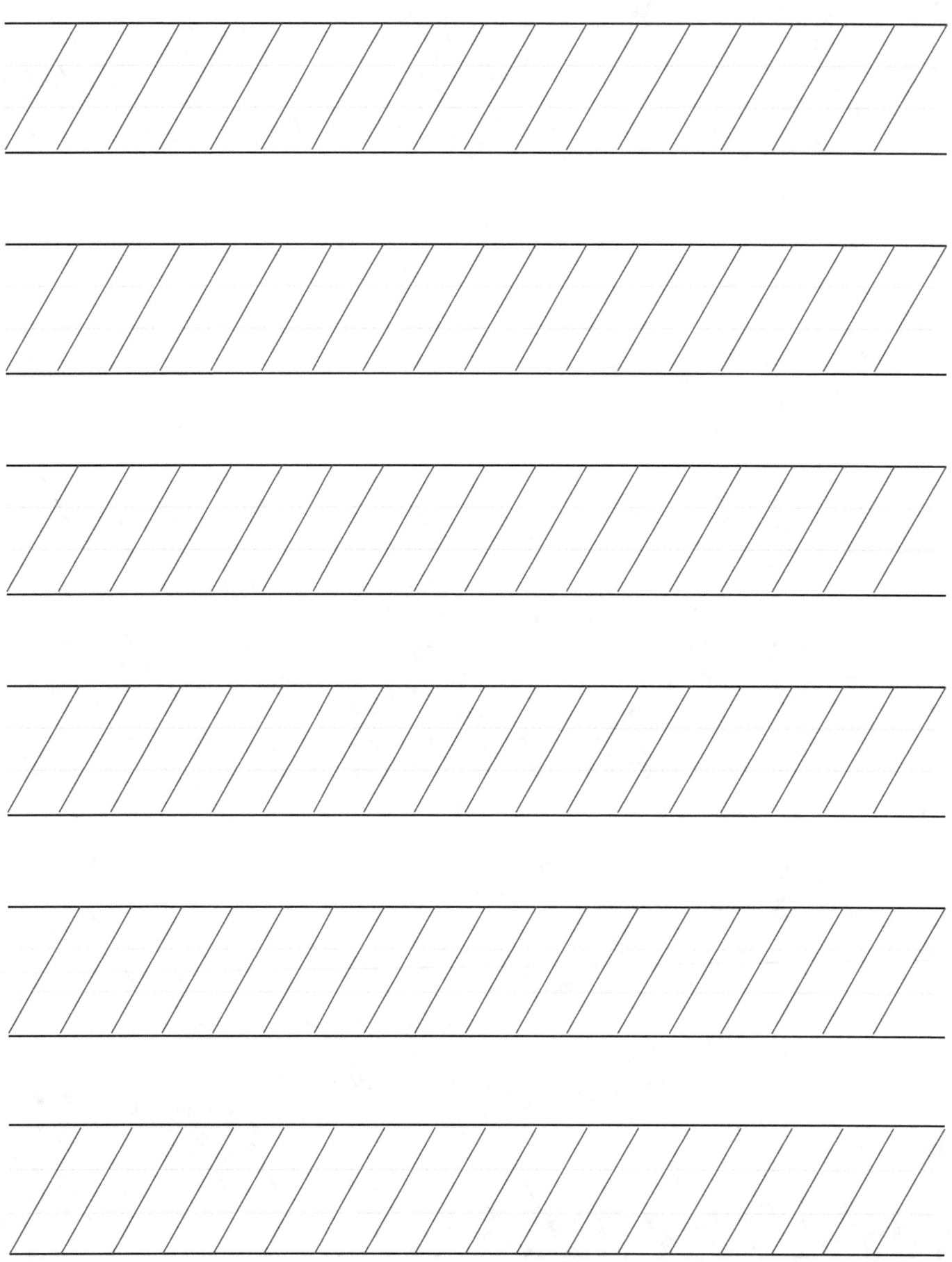

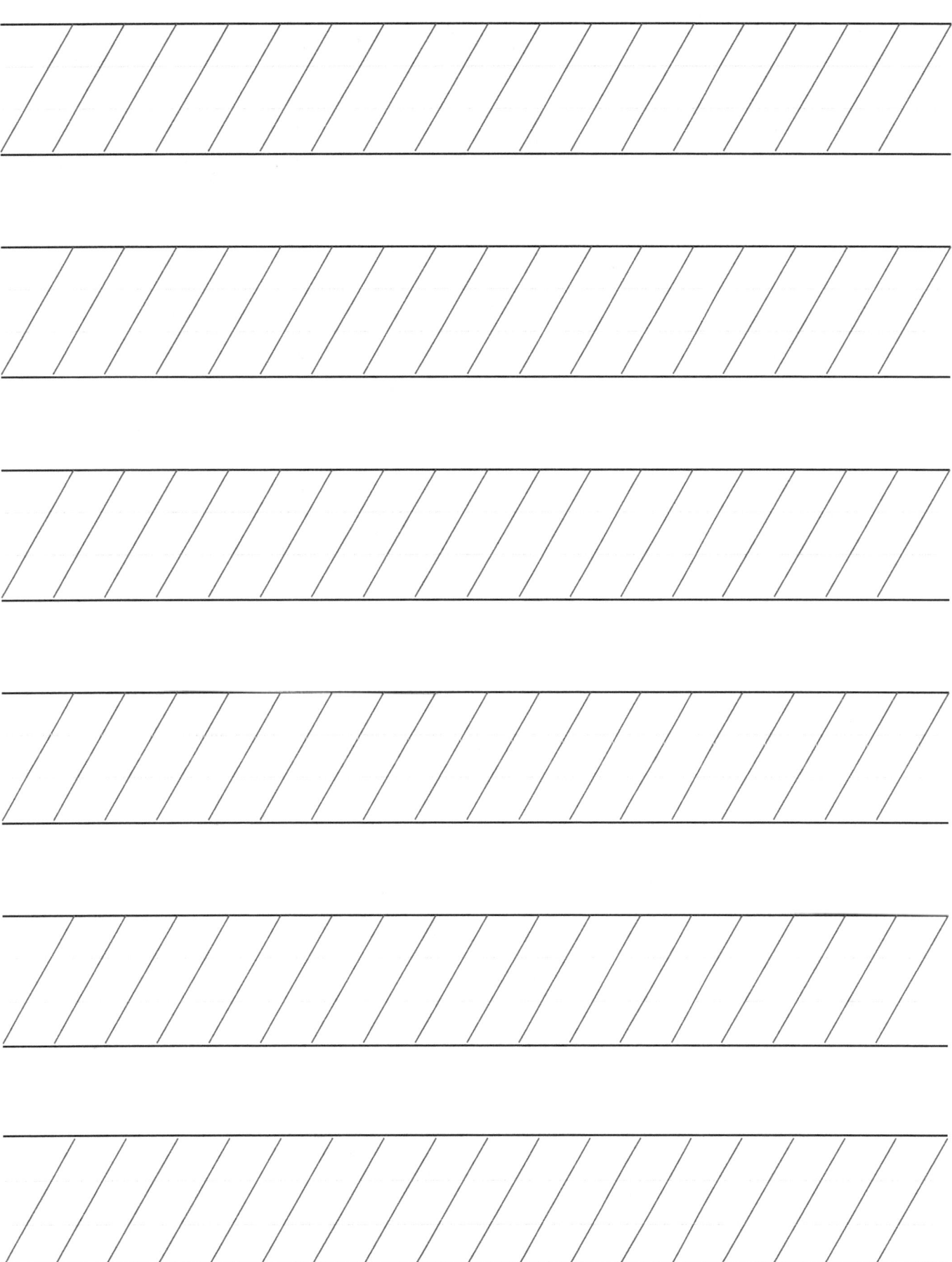

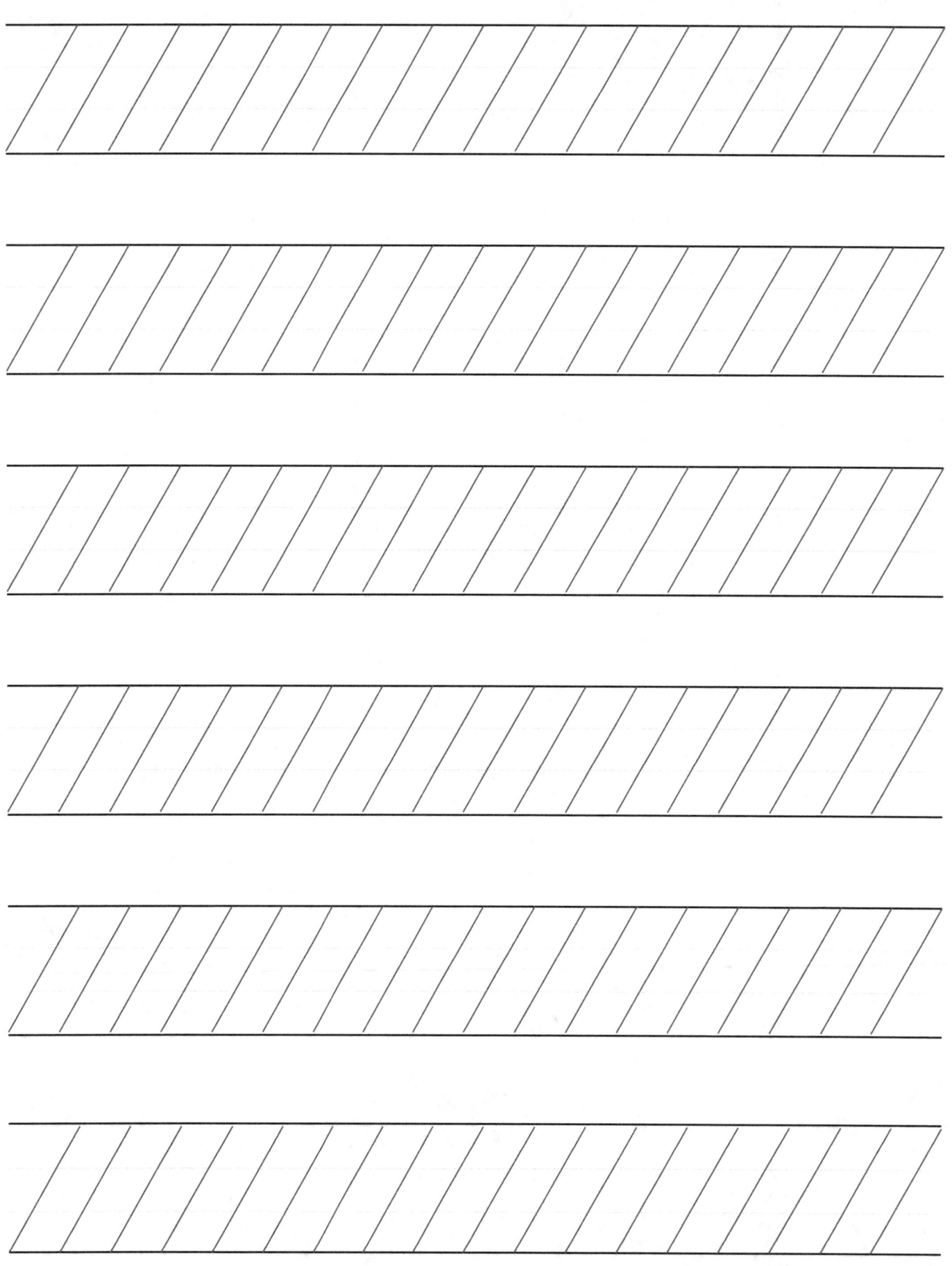

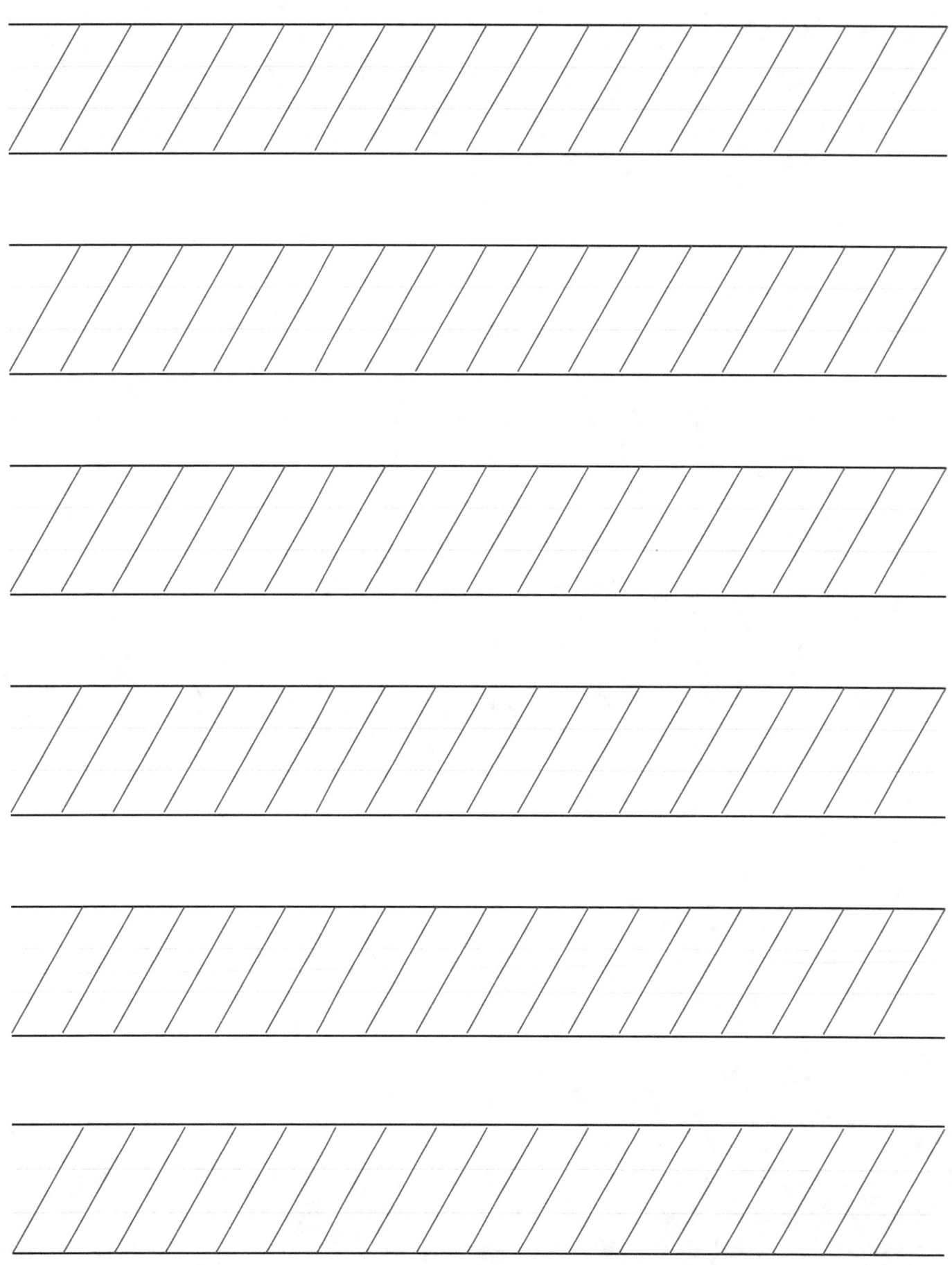

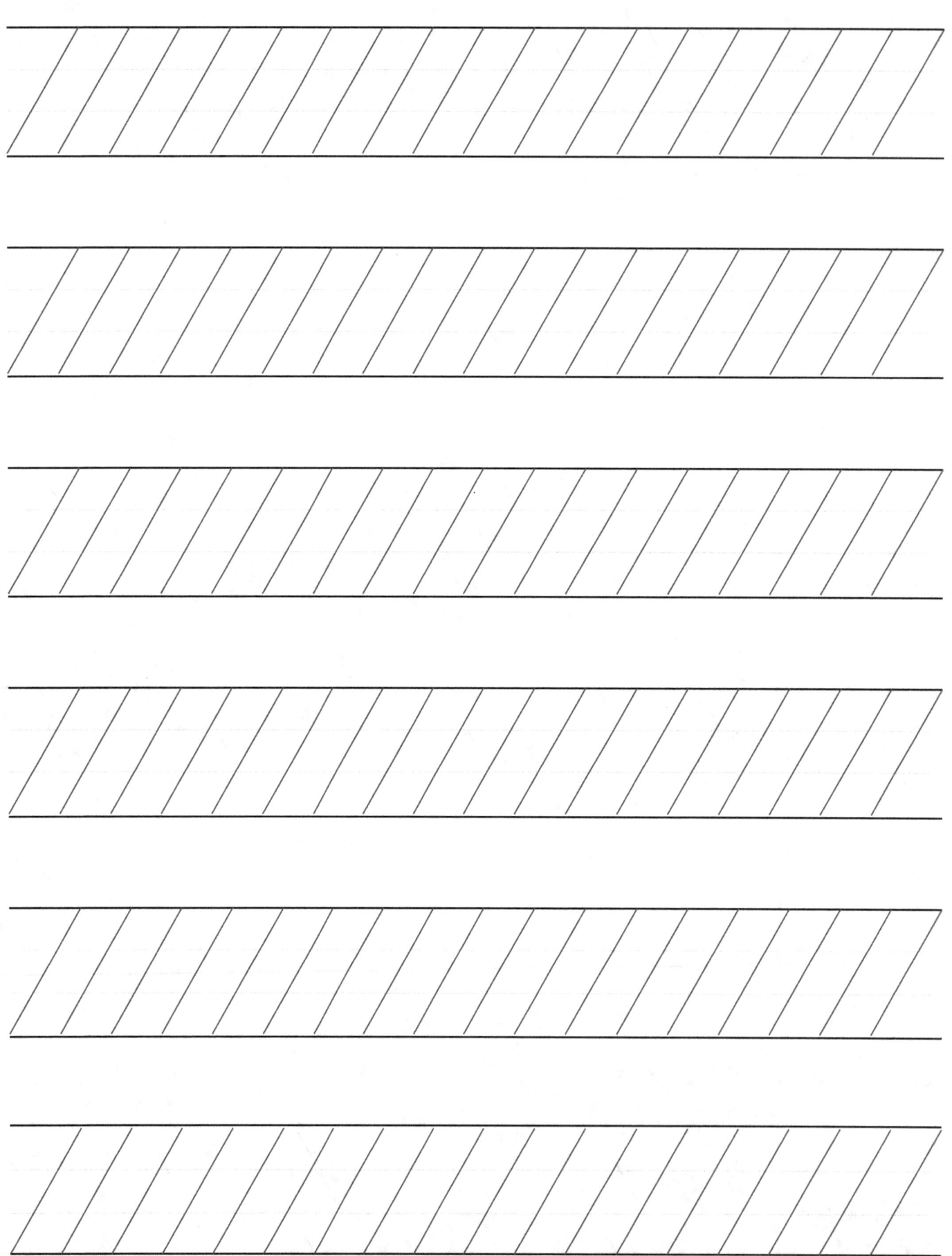

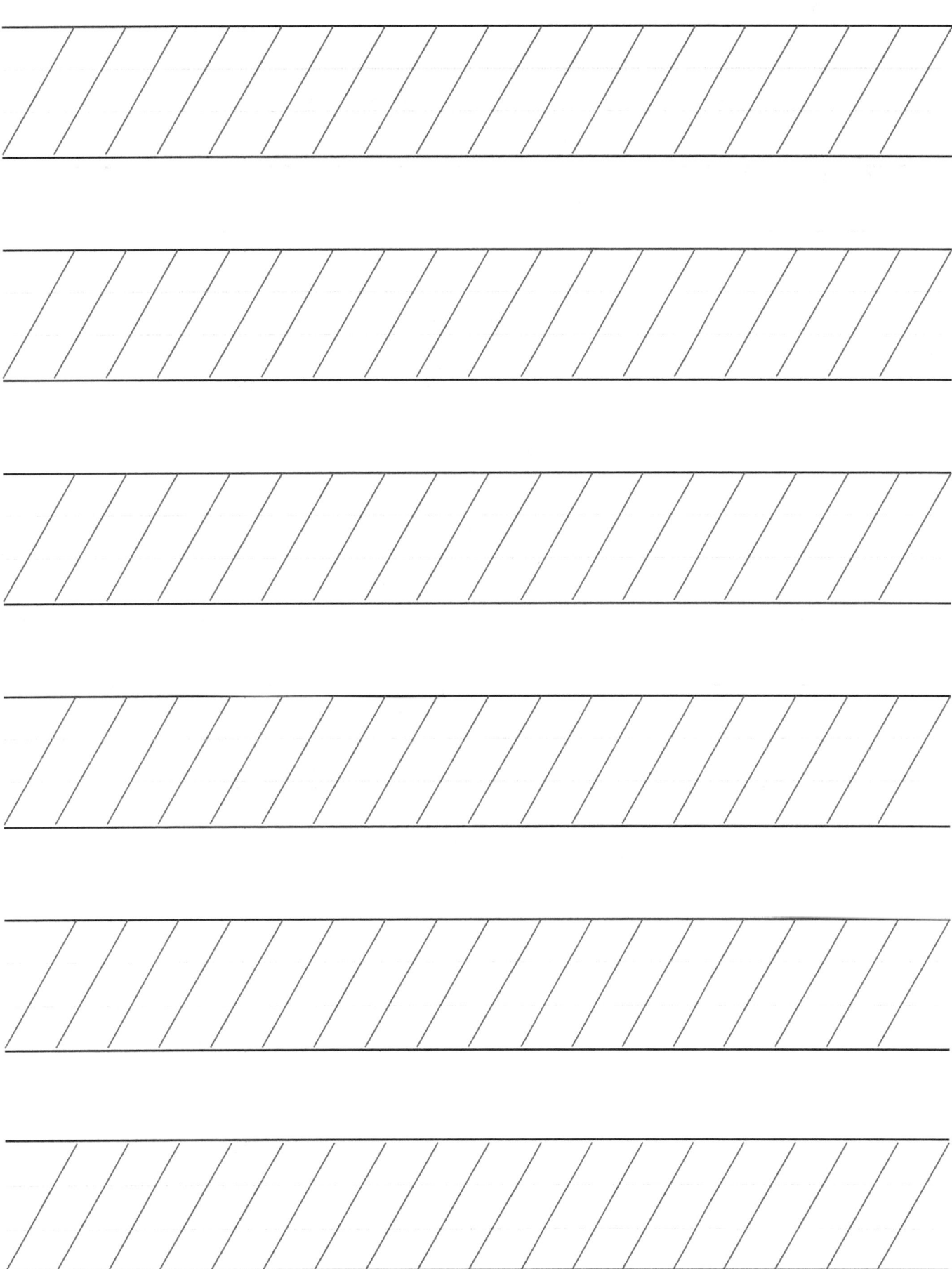